파워 감사

The Power of Thanksgiving

파워 감사

삶을 변화시키는 감사의 능력

정판식 지음

따스한이야기

출간의 변

나도 모르게 불평과 원망 속에 있는 내 모습을 보고 깜짝 놀란 적이 한 두 번이 아닙니다.

그럴 때 마다 '이것이 내 모습이 아닌데'라고 생각하며 다시 하나님의 자녀로 돌아와 주님 앞에 섭니다. 그것은 감사의 마음을 가진 내 모습이었습니다.

우리의 삶이 너무나도 팍팍해서, 어디 가서 하소연 할 곳도 없어서 괜히 옆 사람에게 짜증을 부립니다. 그리고는 또 그것이 후회스러워 또 다른 사람을 불편하게 합니다.

이런 삶의 반복 속에서 우리는 성숙해지기 보다는 왜소해지고 초라해지는 존재로 전락해 가고 있습니다.

세월이 지나 갈수록 보다 성숙해지고 자라가는 하나님의 사람이 되고 싶어서 내 스스로에게 다짐하며 다시 용기 갖게 하려고 외쳐 본 말씀들입니다. 그러다보니 나도 모르게 그만 많은 사람들이 글을 쓰고 책을 만드는 일에 또 하나의 책을 보태게 되고 말았습니다.

너무나도 많은 사람들이 죽음의 유혹에 얽매여 살고 있습니다. 낙심,

불안, 우울증, 그리고 불행이라는 악순환의 고리를 끊지 못하고 있습니다. 이 모든 불행을 치유하는 치료약이 웃음이라고 합니다. 즐거운 마음으로 살게 하는 거지요.

그 즐거운 마음으로 살게 하는 원동력이 감사의 마음입니다. 그래서 육신과 쓰러진 마음과 상한 심령을 위로하고 치유하려는 소박한 마음에서 감사를 주제로 하는 글들을 정리해 보았습니다.

그리고 감사의 능력을 새삼스럽게 확인하게 되었습니다.
'파워 감사'(The Power of Thanksgiving)

그러면서 날마다 순간순간 감사하는 삶의 중요함을 깨닫습니다. 감사는 삶을 변화시키는 강력한 능력이 있습니다.
그래서 "오늘 감사했나요?"라고 날마다 묻습니다.

오늘 감사하면 내일이 바뀌고, 지금 감사하면 인생이 바뀌기 때문입니다.

감사의 말에 기적이 있고, 감사의 마음에 만족이 있고, 감사의 영혼에 행복이 있습니다. 오늘도, 내일도, 매일매일을 감사하며, 사랑하며, 행복을 노래하는 사람이 되고 싶습니다.
천 가지 감사의 내용을 적어 본 사람이 있다고 하는 보도를 보았습니다. 치매에 걸린 어머니를 간병하면서 온 가족이 감사함으로 극복해 나갔다고 합니다.

웃을 일이 있어 웃는 것이 아니고, 웃으므로 웃을 일이 생기듯이 감사할 일이 있어 감사하는 것이 아니고, 감사하므로 감사할 일이 생깁니다. 웃고 감사하다보면 어느 덧 힘들고 어려운 고비를 극복하고 행복한 삶을 살고 있는 자신을 보게 됩니다.

아무쪼록 이 책으로 인해 온 땅의 모든 사람들에게 감사 바이러스가 퍼져나가기 바랍니다. 그래서 감사의 삶으로 새로운 인생의 길을 찾는 사람이 나오고, 새사람의 참된 모습이 회복되기를 원합니다. 이 책이 이런 생활에 조금이나마 도움이 되었으면 좋겠습니다.

2013년 3월
정판식 목사

목차

3부 - 기적의 통로 감사

1부

행복의 통로 감사

"감사는 행복을 위한 키워드이고,
성공적인 삶으로 이끄는 에너지다."

데보라 노빌

1. 감사는 행복의 열쇠입니다

(역대상 29:10-14)

행복과 불행의 차이가 어디 있는지 아십니까? 소유의 많고 적음에 있는 것이 아닙니다. "행복은 성적순이 아니잖아요"라는 말처럼 행복은 결코 성적순에 있는 것도 아니고, 능력이나 권세가 있느냐 없느냐 하는데 달린 것도 아닙니다. 행복은 전적으로 내게 감사가 있느냐 없느냐에 달려 있습니다.

많이 감사하는 사람은 많이 행복합니다. 항상 감사하는 사람은 항상 행복합니다. 적게 감사하는 사람은 행복도 적습니다. 가끔 불평하고 원망하고 사는 사람은 가끔 불행을 느끼며 살게 됩니다. 늘 불평하고 원망하며 살면 늘 불행한 인생살이가 됩니다.

데보라 노빌이란 사람이 '감사의 힘'이란 책에서 말하기를 "감사는 행복을 위한 키워드이고, 성공적인 삶으로 이끄는 에너지다"라고 했습니다. 그러므로 감사의 크기가 행복의 크기요, 감사의 분량만큼 행복지수는 높아진다는 것입니다. 아주 성경적인 말입니다. 성도들은 누구든지 감사로 행복의 문을 열고 들어가는 삶이 되어야 합니다.

행복한 삶을 살게 하는 감사의 삶을 어떻게 해야 얻을 수 있습니까? 일반적으로 사람들은 감사의 삶을 위하여 "비교하지 말아라. 욕심을 버려라. 마음을 낮추어라" 등의 말을 하는 데, 모두 맞는 말입니다.

하지만 이런 삶은 정말로 힘든 일입니다. 그래서 감사의 삶을 위해서는 작은 것에 감사하는 생각을 갖도록 마음 훈련을 해야 합니다. 경건의 훈련도 해야 하고 제자의 삶을 위한 훈련도 해야 하는 것처럼 감사의 삶을 위한 훈련이 필요합니다.

일상생활에서 자고, 눈뜨고, 사랑하는 가족들을 보고, 아름다운 자연을 보며, 하루 세끼 식사하고, 움직이며 일하고, 웃고, 노래하고 등의 것들은 평범하지만 이 모든 것에 대해 감사하는 삶을 익혀야 하는 것입니다.

이런 훈련을 하다보면 자족하는 마음이 생깁니다. 사도 바울이 "나는 범사에 자족하는 일체의 비결을 배웠다"(빌 4:13)라고 했듯이 감사를 생활화 할 수 있도록 배워야 하는 것입니다.

이 모든 것을 가능하게 하는 가장 우선적인 삶의 자세는 하나님과의 관계에서 감사할 수 있어야 합니다. 행복한 삶은 하나님과의 관계가 바로 되어야 합니다. 그래야 하나님의 은혜와 복을 받을 수 있습니다.

하나님과의 관계가 바르게 세워져서 은혜를 느끼고 복을 받게 되면 앞에서 말하는 모든 것들이 경험되고, 느껴져서 작은 것 하나에도 감사하고, 일상에서 경험되어지는 모든 것들에 대해 감사할 수 있습니다.

　본문 말씀은 다윗 왕이 부른 감사 찬송의 한 부분입니다. 다윗 왕은 평생소원이 성전을 건축하여 하나님께 드리는 것이었습니다. 그러나 너무나도 피를 많이 흘렸기 때문에 하나님이 허락하지 않았습니다.

　다윗 왕은 자기가 성전을 건축하지 못한다면, 자기 뒤를 이어 왕이 될자가 성전건축을 잘 할 수 있도록 준비는 할 수 있게 해 달라고 하나님께 기도했습니다. 그러자 하나님께서 허락해 주셨습니다. 다윗은 이 사실을 온 백성들에게 공포하였습니다.

　백성들은 그 내용을 듣고 모두가 기쁜 마음으로 성전 건축을 위하여 정성껏 자재들과 물질을 가져왔습니다. 다윗 왕은 쌓인 물질도 물질이지만, 모든 백성들이 자원하여 기쁨으로 드리는 모습을 보고 너무나도 기뻤습니다.

　그래서 다윗이 *"우리 하나님이여 이제 우리가 주께 감사하오며 주의 영화로운 이름을 찬양하나이다"*(13절)라는 노래를 부르며 하나님께 영광을 돌리고 있는 것입니다.

　다윗은 참으로 감사하고 행복해 졌습니다. 백성들이 성전 짓자고 헌물한 것입니다. 다윗의 주머니에 들어가는 것이 아닙니다. 자기 집을 짓는 것도 아니었습니다. 그것도 다음 세대에 넘어가서 성전을 짓는 것입니다. 하지만 다윗은 마치 자기 일처럼 기뻤습니다. 감사했습니다.

　14절에서 밝히고 있듯이 *"모든 것이 주께로 말미암았사오니 우리가 주*

의 손에서 받은 것으로 주께 드렸을 뿐이니이다"라고 고백하며 하나님께 즐거움으로 드리며 감사했습니다.

우리가 다윗처럼 고백하며 산다는 것이 쉽지 않습니다. 모든 것이 다 내 것인 줄 알고, 내가 잘 해서 누리고 사는 줄로 생각합니다. 그래서 조금도 감사하지 않고, 내어 줄줄도 모르고 삽니다. 베풀 줄 모르고, 하나님께 드릴 줄도 모르고, 그런다고 살림살이가 더 나아지는 것도 아니기 때문에 삶만 각박해지고 힘들뿐입니다.

행복의 문을 여는 열쇠인 감사의 삶을 위하여 우리는 무엇보다도 먼저 여호와 하나님을 알아야 합니다. 시편 100편 3절 말씀에서 "너희는 알지어다"라고 했습니다.

무엇을 알아야 할까요? 여호와가 우리 하나님이심을 알고, 그분은 나를 지으신 분이심을 알고, 그 분은 나의 주인 되심을 알고, 그 분은 나의 왕이심을 알고, 그분은 나의 선한 목자 되심을 알라는 것입니다.

하나님께서 나를 다스리시고 부족함이 없도록 채우시고 인도하여 주실 것을 믿으면 걱정 없이 감사하며 살아갈 수 있습니다. 그것이 행복입니다.

옛날에 어떤 나그네가 정처 없이 떠도는 중에 아름다운 정원이 있는 호화로운 저택을 보고 잠시 쉬어 가려고 들렀습니다. 그러나 그 집에는 아무도 없고, 현관문이 열려 있으며, 먹을 것도 많이 있었습니다.

긴 여행에 지친 나그네는 주인이 오면 양해를 구하리라 생각 하고 먹을 것을 꺼내 먹고 침대에 누워서 피곤을 풀면서 이 아름다운 저택의 주인은 누구이고, 어떤 사람일까 생각해 보았습니다. 그렇게 먹고, 쉬고 잠잘 수 있게 되었다는 것이 너무나도 고마웠습니다.

다음 날이 되었지만 역시 주인이 나타나지 않았습니다. 그 나그네는 또 하루를 비록 주인은 없지만, 주인에게 감사하면서, 또 한편으로는 미안한 마음으로 그 집에서 먹고, 쉬고 편안하게 생활했습니다.

그렇게 하기를 일주일이 지났습니다. 어느 덧 한 달이 지나고 몇 달이 지났습니다. 해가 바뀌었습니다. 그런데도 주인이 돌아오지 않습니다. 어느 때부터인가 나그네의 마음에 감사의 마음도 사라졌습니다. 이제는 오래도록 머물기로 마음먹었습니다. 어쩌면 집 주인은 돌아올 수 없는 곳에 있을지도 모른다고 생각한 나그네는 아예 그 집의 주인이 되겠다고 생각하고, 문패도 자기 이름으로 바꾸고, 모든 것을 자기 것처럼 변경하고, 자기를 위해 사용하였습니다.

그 마음에 주인에 대한 생각은 희미해졌고, 오히려 이제는 주인이 나타나지 않기를 소망하고 있었습니다. 그러던 어느 날 누군가가 찾아와서 그 집의 주인이 따로 있다고 말해주었습니다. 그럼에도 불구하고 나그네는 그 사실을 인정하지 않았습니다.

제가 이 글을 읽고 있다가 그 나그네가 괘심하다는 생각이 들었습니다. 주인도 없는 집에 들어와서 잘 살았으면 자기가 주인이 아님을 깨닫고, 그 동안 잘 살게 해 준 주인에게, 비록 그 주인을 보지도 못했지만, 고맙다고 전해 달라고 한다든지, 아니면 "주인이 언제든지 오면 집을 내어 주겠습니다"라고 해야지 마치 자기가 주인인 것처럼 행세하고, 그것도 모자라서 주인을 부인하고 있으니 얼마나 괘심합니까.

그런데 가만히 생각해 보니, 그 나그네가 바로 나였습니다. 나는 원래 나그네였습니다. 갈 곳 없고 머물 곳 없는 나그네였습니다. 그런데 주인이 집을 비워 주고, 먹을 것 차려 놓고, 나그네인 내게 사용할 수 있도록 은혜 베풀어 주셨습니다. 간섭 한 번 하지 않으시고, 편안한 마음으로 눈치 보지 않고 살도록 해 주셨습니다. 그런데도 나는 그 은혜도 모르고 감히 주인 행세하면서 감사하지도 않고 오히려 내가 주인이라고 진짜 주인을 부정하는 삶을 살고 있는 것입니다.

하나님은 우리를 만드시고 천지만물의 주인이 되십니다. 우리로 하여금 이 모든 것을 사용할 수 있도록 허락해 주셨습니다. 마땅히 주인이신 하나님에게 감사하며 살아야 합니다. 감사하며 살면 이 모든 것들을 누리고 사는 동안에 참으로 행복합니다. 아무 것도 신경 쓸 것 없이 행복하게 살 수 있습니다.

그러나 내 것이라 생각하고 감사의 마음이 사라지면 행복도 사라지고 불안만 커져 갑니다. 불행해 지는 것입니다.

세상의 모든 것들을 나그네 같은 인생을 사는 우리에게 맡겨 주시고 사용하게 하신 하나님을 생각하면서 늘 감사하며 살아야합니다. 주 앞에 설 때에도 "하나님, 세상사는 동안 주님의 것을 잘 사용하게 해 주셔서 감사합니다"라고 고백할 수 있기 바랍니다.

이 땅에 사는 동안에도 "하나님, 나그네 같은 내게 이 모든 것을 사용하게 해 주시니 감사합니다"라고 고백하며, 찬양하며 감사의 삶을 살아야 할 줄 믿습니다. 이렇게 사는 사람이 행복합니다.

지금 지구상에 살고 있는 사람의 75%는 냉장고 없는 것은 말할 것도 없고, 먹을 것이 없다고 합니다. 집에 냉장고가 있습니까? 그리고 약간의 먹을 것이라도 있습니까? 무조건 감사해야 합니다.

지금 세상에는 92%의 사람들이 은행에나 지갑에 동전 하나 없이 산다고 합니다. 오히려 빚 속에서 허덕이고 있습니다. 빚이 없고 동전 몇 닢만 있어도 전 세계의 8%의 부유층에 속해 있습니다. 동전 몇 닢만 가지고도 충분히 감사할 조건입니다.

지금 세상에는 이번 주를 넘기지 못하고 죽을 사람이 100만 명이 넘게 있습니다. 전쟁 중에 있거나, 외로운 감옥에 있거나, 고문을 당하고, 굶주림의 고통을 겪고 있는 사람이 수만 명에 이릅니다. 그렇다면 오늘 아침 그런 고통 없이 건강한 모습으로 일어날 수 있고, 평온히 자유로운 삶을 살고 있음에 대해 무조건 감사해야 합니다.

지금 세상에는 신앙의 자유가 없고, 교회에 나가 예배드리려면 죽음을 각오해야 하는 환경에 처해 있는 사람들이 30억이 넘습니다. 우리가 이렇게 죽음의 위험도 없이 교회에 나와 예배드릴 수 있다는 것 자체가 얼마나 감사한 일입니까?

　세상에는 사랑하지도 못하고, 축복할 줄도 모르고, 날마다 분노와 증오 속에서 스스로를 무너뜨리고 있는 사람들이 얼마나 많은지 모릅니다. 오늘 내가 누군가를 사랑하고, 축복해 주고, 손을 잡아 줄 수 있다고 한다면, 그 자체로도 이미 축복을 받은 삶이요, 충분히 감사해야 할 이유가 됩니다.

　이제 다시 한 번 더 모든 것이 주님의 손에서 주어진 것임을 고백하면서, 작은 일 하나에서부터 감사를 배우고, 여호와 하나님을 찬양하는 삶을 통하여 더욱 행복한 성도의 삶을 이어가야 하겠습니다.

2. 감사는 복을 누리며 살게 합니다

(신명기 11:8-15)

유대인의 탈무드에 "이 세상에서 가장 슬기로운 사람은 모든 사람에게 항상 배우는 사람이요, 이 세상에서 가장 강한 사람은 자기 자신을 이기는 사람이요, 이 세상에서 가장 부유한 사람은 자기가 가진 것으로 만족할 줄 아는 사람이다. 그리고 이 세상에서 가장 복 있는 사람은 이 모든 것에 항상 감사할 줄 아는 사람이다"라고 했습니다. 감사할 줄 모르는 사람은 하나님 주신 복을 누릴 수 없는 사람이란 가르침입니다.

항상 복을 누리는 사람은 세 가지 조건을 갖추어야 합니다. 첫째는 복된 삶을 주신 분의 은혜에 감사하는 생각을 가져야 하고, 둘째는 우리 자신은 그런 복된 삶을 누릴 수 있을 만한 자격이 없는 전혀 무가치한 존재인 것을 깊이 깨달아야 하며, 세 번째는 이 복된 삶이 얼마나 오래 갈지 알 수 없다는 생각을 가져야 합니다.

이런 자세를 가질 때, 항상 감사할 줄 알게 되고 자신은 무가치한 존재인 것을 알기 때문에 언제나 겸손할 수 있습니다. 그리고 언제까지나 그 복을 소유할 수 있다고 생각하지 않기 때문에, 넉넉하고 풍족하더라도 범사에 절제하고 절약할 수 있습니다. 이런 자세를 가진 사람이야 말로 진실로 하나님 주신 복을 누릴 수 있는 충분한 자격이 있는 사람입니다.

하지만 내가 누리는 복된 생활에 대해서 내가 노력한 대가에 비하면 너무나도 당연한 것이고 오히려 부족한 것이라고 여기며 전혀 감사할 것이 없다는 사람도 있습니다. 그런 사람은 불행한 사람입니다. 감사를 모르는 사람만큼 불행한 사람도 없습니다.

그리고 자신을 너무나도 과대평가하고 과신한 나머지 자신이 이루고 소유한 것으로 교만 해진다면 행복할 수 없습니다. 받은 복이 언제까지나 있을 것이라고 생각하여 절제하지 못하고 낭비와 사치 속에서 연락(宴樂)하고 산다면 그 사람 역시도 그 복을 오래 소유하지 못할 것입니다.

성경에서 하나님께서는 이렇게 말씀하십니다. "하나님의 은혜를 잊지 말라. 하나님께 감사하라." 그러기 위해서 "여호와께서 명하신 절기를 잊지 말고 지키라"고 명령합니다. "하나님께서 주신 것을 기억할 때, 감사하고 겸손해 질 수 있다"는 것입니다.

오래 전 우리는 IMF 체제하에서 살았던 경험이 있었습니다. 나라가 부도 위기에 처해서 경제적으로 심각한 위기를 겪으면서 우리의 모습을 돌아보게 되었습니다. 우리는 너무나도 풍성한 생활 속에 있었지만 감사하지 못했고 겸손하지 못 했으며 절약할 줄도 몰랐습니다. 얼마나 교만하고 낭비했습니까?

우리보다 조금 못사는 나라를 다니면서 무례히 행하고 허세를 부렸습니다. 그래서 "추한 한국인"이란 말을 들었습니다. 절제하지 못하고 풍요로운 것을 마구 사용했습니다. 세계에서 고급 양주 소비국 제 1위였습니다. 한국의 주류회사의 과장밖에 안 되는 사람이 프랑스에 가면 공항에서부터 프랑스 주류회사 사장이 나와서 영접을 할 정도로 칙사 대접을 받았다고 합니다. 은행 금고가 텅텅 비는 줄도 모르고 무작정 사용했던 국민이었습니다.

결국 국가파산 위기까지 갔었고, 겨우 한숨 돌리고 있지만 또 언제 위기가 닥쳐올지 알 수 없습니다. 그 여파로 온 국민이 실직의 고통 속에서 영적으로, 정신적으로, 육신적으로 총체적인 어려움을 당하고 있습니다. 이 민족은 전형적으로 하나님 주신 복을 누리지 못하는 모습을 가지고 있었습니다.

우리는 하나님 주신 복을 누리기 위하여 감사와 겸손함과 절약하고 절제하는 자세를 다시 회복할 수 있어야 합니다.

복을 누리는 삶을 위하여 하나님께서는 이스라엘 백성들에게 맥추절을 주셨습니다. 이스라엘 백성들이 하나님께서 주신 땅에서 첫 열매를 거둔 후에 그것을 광주리에 담아 하나님 앞에 가지고 나와서 *"내가 여호와께서 우리 조상에게 주리라고 약속하신 땅에 이르렀나이다. 이곳으로 인*

도하사 젖과 꿀이 흐르는 이 땅을 주셨나이다. 여호와여 이제 내가 주께서 내게 주신 토지소산의 맏물을 가져왔나이다"(신 26:2,9-10)라고 하며 경배하라고 했습니다.

맥추절은 하나님께서 인도하신 땅에서 하나님께서 주신 첫 열매와 그 모든 것들에 감사하고, 무엇보다도 하나님께서 주신 말씀에 대해서 감사하도록 하는 절기였습니다. 이 절기를 지킴으로 하나님의 은혜를 생각하고, 감사를 배우며, 겸손하게 하나님만 섬기도록 하신 것입니다.

인간들은 하나님을 생각하지 않으면 하나님께 감사하지 않습니다. 하나님께 감사하지 않으면 하나님의 은혜를 저버리게 됩니다. 결국은 행복한 삶을 계속해서 유지할 수 없게 됩니다. 그것을 하나님께서는 너무나도 잘 아시기 때문에 이렇게 맥추절을 지키라 명령하신 것입니다.

감사의 삶을 실천하는 사람에게는 언제나 긍정적이고 적극적인 삶이 있습니다. 그러나 감사하지 못하는 사람은 그 자체가 벌써 부정적인 생각을 하는 사람이요, 소극적인 삶을 사는 사람입니다.

우리는 장미를 볼 때, 아름다운 장미에 가시가 있다고 불평할 것이 아니라, 가시가운데 아름다운 장미가 있음을 기뻐하고 감사하는 삶의 자세를 가져야 할 것입니다. 이런 점에서 감사의 삶을 산다는 것은 참으로 소중합니다. 감사의 삶은 곧 하나님 주신 복을 계속해서 누리며 사는 길이기 때문입니다.

하나님의 은혜를 잊지 말아야 합니다

"하나님의 은혜를 잊지 말고 기억하라"고 한 말씀은 하나님께서 이스라엘 백성들에게 주신 최고의 복된 말씀입니다. 왜냐하면 하나님께서 주시는 복을 영원토록 이어 갈 수 있도록 해 주는 말씀이기 때문입니다.

우리들은 어려울 때는 하나님을 곧잘 기억합니다. 하지만 좋을 때는 하나님을 잊어버리기 쉽습니다. 그래서 하나님은 어려울 때나 좋을 때나 항상 하나님을 기억하라고 하십니다. 그래야 은혜가 계속 넘치고 감사할 일이 끊어지지 않습니다.

원래 감사란 말은 헬라말로 '유카리스티아'(εύχαριστία)라고 하는데 '좋은 은혜'란 뜻입니다. 그러니까 은혜가 있는 곳에 감사가 있고, 감사가 있는 곳에 은혜가 더욱 넘쳐 나는 것입니다.

성자라 불리는 중세기 수도사 프란시스코는 "나에게 죽음을 주신 하나님께 감사하라"고 하면서 심지어 "죽음까지도 감사함으로 받아들이라"고 권하고 있습니다. 죽는 것도 하나님의 은혜로 아는 사람에게는 감사하지 않을 것이 없는 것입니다.

본문에서 주님은 "하나님의 은혜를 잊지 않고 계속해서 말씀을 기억하고 지키면, 하나님께서 강성하게 하고(8절), 하나님 주신 젖과 꿀이 흐르는 땅에서 장구하고(9절), 하나님께서 적절한 비를 주시며(11절), 하나님의 눈이 세초부터 세말까지 항상 그 위에 있을 것이라"(12절)고 했습니다.

하나님께서 인도해 주시고, 지난 날 어려움 가운데서도 함께 하시며 우리를 위로하시고 어려움에서 건져 주신 하나님의 은혜를 잊지 말아야 합니다. 그 은혜를 하나님께 고백해야 합니다. 감사의 삶을 계속해 나감으로 하나님께서 주신 복을 계속 누릴 수 있는 성도가 되어야 합니다.

하나님의 은혜를 전해야 합니다

감사의 삶을 계속하기 위해서는 하나님의 은혜를 전해야 합니다. 하나님께서는 이스라엘 백성들에게 맥추절을 주시면서 자손들에게 계속해서 "전달하라"고 했습니다. 절기를 지킬 때 자손들이 "이것이 무엇이냐?"하고 물으면 그들에게 하나님의 구원하신 은혜와 놀라운 역사들을 전달해 주어서 그들도 하나님의 은혜를 잊지 않고 기억하며 살도록 하신 것입니다.

하나님께서 이스라엘 백성들을 택하셔서, 인도하시고, 크고 놀라운 일들을 경험하게 하신 것은 이스라엘을 이방의 빛으로 삼으셔서 하나님의 역사를 전하고자 함이었습니다. 그래서 온 땅의 백성들이 하나님을 섬기도록 한 것입니다.

하지만 이스라엘 백성들이 그 일을 감당하지 못했습니다. 그래서 하나님께서는 예수 그리스도를 보내시고, 그분을 믿는 우리들을 택하시고, 구원의 은혜를 경험하게 하셔서 우리들로 온 세상 백성들에게 하나님의 구속의 은혜를 전하도록 하셨습니다.

그러므로 우리들은 이 하나님의 은혜를 온 백성들에게 전해야 합니다. 이것을 전할 때 마다 우리는 하나님의 은혜를 새롭게 기억하게 되고 그 은혜가 더욱 커지게 되는 것입니다.

신약성경을 보면, 예수님을 만나고 은혜를 경험하게 된 사람들은 예외 없이 그 은혜를 만나는 사람들에게 전했습니다. 빌립은 나다나엘에게 "와서 보라"고 했습니다.

수가 성 사마리아 여인은 주님을 만나서 놀라운 구원의 메시지를 듣고 깨달았습니다. 자기가 그토록 찾아 헤매던 영생의 길을 발견했습니다. 그러자 동네로 달려가서 큰 소리로 "내게 큰일을 행하신 메시야를 보십시오"라고 외쳤습니다.한 눈먼 소경 앉은뱅이가 예수님을 만나고 주님으로부터 큰 은혜를 받았습니다. 일어나 걸을 수 있는 복을 얻었습니다. 그는 걷기도하고 뛰기도 하면서 사람들에게 자기에게서 일어난 놀라운 일들을 전하였습니다.

우리에게 일어난 하나님의 은혜를 전하지 않으면 잊어버리기가 쉽습니다. 그 은혜를 사람들에게 전하고 하나님의 영광을 드러낼 때, 그 은혜는 더욱 커지고 감사는 더욱 새롭게 우리에게 주어지게 될 것입니다.

은혜를 찬양하고 노래해야 합니다

감사의 삶을 계속하기 위해서는 하나님의 은혜를 찬양하고 노래해야 합니다. 이스라엘 백성들은 하나님의 은혜를 항상 찬양과 노래로 표현했습니다. 감사한 일이 있으면 마음으로만 새길 것이 아니라, 말로 표현해야 합니다.

말로 표현하는 데는 문둥병으로 고통 받던 10명의 문둥이가 예수님의 은혜로 나음을 받았을 때, 오직 한 사람의 문둥이만 예수님께 직접 찾아와서 감사를 표현한 것 같이 해야 하는 것입니다(눅 17:11-18). 그 감사의 내용을 다른 사람에게 전함으로 표현하는 방법도 있을 것입니다. 또 하나는 그 감사의 내용을 노래로 표현하는 방법도 있습니다.

시편이 그 대표적인 것이라 할 수 있습니다. 시편을 보면, 하나님은 모든 찬양과 예배와 감사의 대주재되시며, 모든 존재의 근원이 되시고, 모든 복의 근원이 되신다고 노래하고 있습니다(시 136편). 하나님의 은혜를 경험하고 그 은혜를 감사하는 마음을 담아서 표현한 것입니다.

사도바울은 복음을 전하는 일로 인하여 억울하게 고소를 당하고, 관원들에게 모진 심문을 받아서 매를 맞고 살이 찢기는 고통을 당했지만, 옥중에서 육신의 아픔 보다는 복음을 위하여 고난을 받고, 예수 그리스도의 고난에 동참하게 된 것이 오히려 감사해서 찬양을 하였습니다. 그러자 놀라운 일이 일어났습니다. 찬양을 하는 동안에 모든 묶인 것이 풀려지고,

닫힌 것은 열리고, 매인 것이 자유하게 되는 역사가 일어났습니다.

찬양은 좋고 기쁠 때만 하는 것이 아닙니다. 괴롭고 고통스러울 때, 낙심이 되고 슬플 때도 하는 것입니다. 그러면 낙심된 마음에는 소망이 생깁니다. 슬픈 마음에는 기쁨이 생겨납니다. 괴롭고 고통스러운 마음에는 새로운 힘이 생겨납니다.

어떤 믿음이 좋으신 집사님 한 분은 주일날 교회 가서 예배 잘 드리고 하루 종일 교회에서 봉사하고 기쁜 마음으로 집으로 돌아 왔는데, 그 동안 집에 불이 나서 온 집이 새까맣게 타 버렸습니다. 얼마나 황당하고 놀랐겠습니까.

그 분은 집에서 먹지 만드는 가내공장을 하고 있었기 때문에 얼마나 잘 탔겠습니까. 아무것도 남은 것이 없었습니다. 당장 입고 있는 옷밖엔 없습니다. 아이들의 책이고 뭐고 아무것도 건지지 못했습니다. 믿음이 없는 사람 같으면 이런 상황에서 분명히 시험에 들었을 것입니다.

"예배 잘 드리고 왔으면 하나님께서 복을 주셔도 부족한데, 집에 불이 나게 했으니 하나님은 안 계신다"라고 원망하면서 신앙생활을 버렸을 것입니다. 그러나 그 집사님 가족들은 타버린 잿더미에 앉아 하나님께 감사하면서 예배를 드렸습니다.

불은 났지만, 가만히 생각해보니 너무나도 감사하였기 때문입니다. '예배당에 가지 않았으면 가족들이 어떻게 되었겠으며, 또 직공들은 어떻게 되었겠는가? 더군다나 주택가 한 가운데 있는 집인데, 다른 집은 하나도 타지 않고 자기 집만 타서 변상해 주지 않으니 그것도 감사한 일이네'라고 생각하니 너무 감사해서 눈물을 흘리면서 찬송하고 즉시로 목사님을 청하여 하나님께 예배드렸습니다. 그리고는 수중에 있는 돈을 모아 보니 대금 지불하려고 찾아 둔 돈 3백만 원이 있어서 그 자리에서 교회 앞에 감사 헌금을 했습니다.

그 후에 하나님께서 그 집사님을 축복하셨습니다. 불난 그 집은 다른 사람에게 팔고, 그 돈으로 김포에 있는 농가 밭으로 옮겨서 비닐하우스를 치고 공장을 시작했는데, 얼마나 공장이 잘되는지 밤새워 기계를 돌려도 모자랄 정도가 되었습니다. 게다가 갑자기 그 지역이 아파트 단지로 개발되면서 땅 값은 또 얼마나 올랐는지 큰 부자가 되었습니다. 불이 나서 절망적인 상황이 되었지만 하나님께 감사 찬양하니 너무나도 큰 복을 받게 되었습니다.

하나님의 크고 놀라운 은혜를 찬양함으로 항상 감사의 노래가 우리 입술을 떠나지 않게 해서 날마다 새로운 은혜와 감격 속에서 복된 삶을 누리는 성도들이 되시기 바랍니다.

드림으로 감사해야 합니다

감사의 삶을 계속하기 위해서 드림으로 감사해야 합니다. 이것은 성도의 헌신과 봉사의 가장 기본적인 동기가 되는 것입니다. 이스라엘 백성들은 언제나 하나님 앞에 감사할 때 빈손으로 나오지 않고 첫 소산물을 가지고 나와서 하나님께 드리면서 그 은혜를 감사했습니다. 이것은 물질로 실천하는 감사요, 몸을 드리는 감사의 표현인 것입니다. 하나님은 이것을 원하십니다.

막달라 마리아는 예수님의 은혜와 사랑을 깨닫고 그 은혜에 감사해서 순전한 나드 향 한 옥합을 깨뜨려 주님께 드리면서 감사했습니다(눅 7:36-50).

마게도니아 성도들은 예수님의 은혜가 너무나도 고마워서 언제나 바울 사도의 기대를 능가하는 헌금을 힘에 넘치도록 함으로서 감사의 마음을 표현했습니다(고후 8:1-4). 그들은 물질만 드린 것이 아니라 몸을 드린 것이요, 자기 전체를 드린 것입니다.

이렇게 자기를 드리는 감사의 표현 속에서 하나님께서는 더욱 감사가 넘치게 해 주셨습니다. 감사는 또 다른 감사를 가져오게 하는 것입니다. 몸을 드려서 감사할 때 하나님은 우리가 드린 그 몸으로 인하여 기뻐하십니다(롬 12:1). 우리의 몸을 의의 병기로 만들어 주십니다(롬 6:13). 우리의 소유와 물질을 드려 감사할 때, 하나님께서는 그 물질로 주님의 영광을 드러내고 우리의 산업이 핍절치 않게 하시고 주의 자녀의 기업이 창대케 하십니다. 다윗이 노래했습니다.

"여호와께서 내게 주신 모든 은혜를 무엇으로 보답할꼬, 내가 구원의 잔을 높이 들고 여호와의 이름을 부르며 모든 백성 앞에서 나의 서원을

갚으리로다 ˮ(시 116:12-14).

　내가 가진 것이 무엇이든지 그것을 드림으로 하나님께 감사하는 생활을 해야 합니다. 그래야 감사의 생활이 계속됩니다. 감사의 생활이 계속될 때 우리는 항상 하나님께서 주신 복을 누리며 살 수 있습니다.

3. 감사는 그리스도인의 축복입니다

(요한복음 17:12-19)

기독교 신앙을 가진 성도들이 가지게 되는 덕목이 몇 가지 있습니다. 기쁨, 순종, 온유, 화평, 인내, 충성, 희생, 사랑, 그 중에 빠뜨릴 수 없는 것이 '감사'입니다. 하나님의 사람들은 범사에 감사하며 기도하고, 감사하며 하나님께 찬양하고, 예배드립니다. 하나님의 자녀의 특징은 '감사'입니다.

세상의 사람들은 감사할 줄을 모릅니다. 가끔 감사하다는 말을 듣기는 하지만 그것은 전적으로 교육에 의해 길들여진 감사요, 매너 좋은 처세를 위한 감사일뿐입니다. 세상의 마지막이 가까울수록 감사하지 않는 풍조가 만연되어 질 것입니다(딤후 3:2). 감사할 일이 없어 감사하지 않는 것이야 그럴 수도 있겠지만, 감사할 일이 생겨도 감사할 줄 모릅니다. 감사를 느끼지도 못합니다. 그것이 세상 풍조입니다.

그러나 하나님의 자녀들은 범사에 감사합니다. 좋은 일에 감사하는 것은 물론이고, 나쁜 일이 일어나서 곤고하고 괴로워도 감사합니다. 이 감사생활이 하나님의 백성들이 받는 축복입니다.

감사의 삶을 살도록 하나님의 백성 삼아 주신 것은 하나님의 크신 축복입니다. 왜냐하면 감사를 모르고 언제나 불평, 불만 속에서 산다면 얼마나 불행한 인간이 되겠습니까?

어떤 분이 말하기를 불평만 하고 살면 그 사람은 자기도 모르는 사이에 불평으로 가득한 얼굴로 달라진다고 합니다. 맨날 투덜투덜 거리고 살아서 입술이 두툼해지고 앞으로 튀어나와서 못마땅한 얼굴로 변한다고 합니다.

그러나 감사만 하고 사는 사람은 그 얼굴이 환하게 된다고 합니다. 외모에서부터 차이가 나는 감사의 삶으로 복되게 살게 하시니 하나님 자녀 된 것이 얼마나 큰 축복입니까?

보전하시고 지키심에 감사

본문 말씀은 예수님께서 십자가 죽음을 앞두고 제자들에게 마지막 말씀을 하시면서 제자들을 위하여 기도하신 내용의 일부분입니다. 이 기도 속에서 예수님께서는 하나님의 백성이 받는 축복이 어떤 것인지를 잘 가르쳐 주고 있습니다.

예수님께서는 아버지 이름으로 제자들을 보전하사 지키시기를 기도하셨습니다(12절). 하나님의 백성이 받는 축복은 하나님께서 보전하시고 지키심에 감사하는 것입니다.

하나님께서는 불 속에서도 옷 깃 하나도, 머리털 하나도 그슬리지 않고 지켜 주셨습니다. 사자 굴에서도 사자들의 입을 막아서 그의 백성을 안전하게 보전해주셨습니다. 칠 년 가뭄 속에서도 먹고 살 수 있도록 지키시고, 세상을 심판하는 홍수 속에서도 안전하게 지켜 주셨습니다.

이것은 과거에 일어났던 이야기만이 아닙니다. 이런 역사는 오늘도 우리의 삶에서 일어납니다. 이렇게 지켜주시는 역사를 경험한 사람들은 "여호와는 나의 반석, 나의 요새, 나를 구원하시는 이, 내가 숨을 바위요, 나의 방패, 승리를 안겨 주는 뿔, 나의 피난처, 포악한 자들의 손에서 건져 주셨으니 찬양을 받으실 분이라"(시 18:2,3)고 노래합니다.

오래 전에 총회장을 지내신 분 가운데 방병덕이란 목사님이 계십니다. 그 목사님은 본래 중국 길림성 루하현 삼원포에서 출생하셔서 평양신학교를 졸업하신 분입니다. 그 분이 추빈리 교회를 섬겼는데, 북한이 공산화되면서 북한 정부는 '기독교도 연맹'이란 것을 만들어서 모든 목사들을 그 연맹에 가입하도록 하였습니다.

이 '기독교도 연맹'이란 것은 공산당을 지지하는 어용단체였습니다. 기독교를 철저하게 공산당에 복종시키려고 하는 술책이었습니다. 많은 성직자들이 그 어용단체에 가입을 하였습니다. 그러나 방 목사님은 거기에 가입을 할 수 없었습니다. 그러자 공산당에서는 집요하게 가입을 강요했습니다. 그래도 거부하자 결국에는 숙청하기로 공산당이 결의하였습니다.

그런 사실을 방 목사님은 전혀 모르고 있었는데, 체포하는 날 새벽 2시경에 누군가가 사택 문을 두드리더랍니다. 나가보니 어떤 사람이 찾아와서 자기 신분을 '조만식 장로가 만든 조선민주당 군 당수인 진 장로'라고만 밝히고, "당에서 아침이 되면 목사님을 체포하라고 명령을 내렸으니, 날이 밝기 전에 얼른 남한으로 피하시오"라고 하더랍니다.

그래서 피란을 오는 길에도 위험한 고비를 많이 만났지만, 그때마다 공산당원 간부란 자들이 나서서 도와주어 무사히 남한으로 넘어 올 수 있었다고 했습니다.

하나님께서는 이렇게 위험한 순간마다 지키시고 보전하시며 인도하시는 분이심을 고백했습니다.

기쁨을 주신 것에 감사

하나님의 백성들에게는 예수님의 기쁨을 마음껏 누릴 수 있는 감사의 축복이 있습니다. 본문 13절에서, 예수님께서는 제자들이 주님의 기쁨을 충만하게 소유하도록 기도하셨습니다.

예수님의 기쁨은 영원히 빼앗기지 않는 기쁨입니다. 이 기쁨은 그 누구도, 그 무엇도 가져가지 못하는 기쁨입니다. 왜냐하면 오직 하나님과 더불어 교제하는 가운데 생겨나는 것이기 때문입니다. 우리가 하나님과 교제를 계속하는 한은 아무리 환란을 당하고 위험에 빠지고 절망할 일을 만나도 이 기쁨을 그 마음에 충만하게 소유하게 됩니다(시 4:7, 사 35:10).

영국에서 개혁교회를 위해 헌신하였던 크롬웰이란 장군이 있었습니다. 그에게는 휘하에 창을 든 기병들이 있었습니다. 크롬웰은 이 창기병들을 보면서 "크롬웰의 창기병들은 적을 만날 때 언제나 크게 기뻐합니다. 이들은 전투에 참여 할 때마다 기뻐하였습니다. 왜냐하면 그들은 하나님의 임재를 항상 알고 있으며 경험하고 있는 사람들이기 때문입니다" 라는 말을 했습니다. 하나님이 함께 하고 있다는 것을 안다면 두려할 것이 아무 것도 없습니다.

그리스도인은 이미 하나님으로부터 주어진 기쁨을 소유한 사람입니다. 우리가 죄 가운데 있을 때는 죄로 말미암아 기쁨을 상실한 체 살았습니다. 그러나 예수님의 십자가 보혈로 죄가 사함 받았기 때문에 그리스도인은 기쁨을 다시 회복하였습니다.

우리가 이 기쁨을 소유하면 항상 감사하고, 범사에 감사하고, 어디에서든지 감사하며 살 수 있습니다. 이렇게 기쁨으로 살면 더욱 기쁨이 넘치고 더욱 감사할 일도 넘칩니다.

어느 생명보험 회사에서 일을 하는 집사님이 계십니다. 제가 그 분을 알게 된 것은 그 분이 청계천 3.1아파트에 월세로 살던 때였습니다. 그 후에 그 집사님은 신앙생활도 멋지게 했지만, 계속해서 집을 새로 구입하고 경제생활이 아주 좋아졌습니다.

어느 날은 그 집사님이 자기가 살던 과거 이야기를 해 주었습니다. 너무나도 가난해서 아이를 키울 수 없어 남의 집에 맡기기도 한 때가 있었다고 했습니다. 하지만 그 분이 교회에 있는 어느 분의 소개로 보험회사에 들어가게 되어서 기도하는 가운데 감사와 기쁨으로 일을 하기 시작했습니다. 그로부터 몇 년 후에 완전히 성공해서 일어서게 되었습니다. 나중에는 소장이 되더니 계속 진급을 하여 중역이 되었습니다.

회사에서 실적이 좋은 사람에게는 성과금도 많이 주고, 진급도 시키고 하는 모양입니다. 그 집사님은 십여 년 동안 항상 일등만 했습니다. 나중에는 사원들을 훈련시키는 일도 하게 되었습니다.

하도 성과가 좋으니 사장이 그 집사님에게 물었습니다. "어떻게 그렇게 잘 팔아서 성적이 좋습니까"라고 비결을 물었습니다. 그 집사님은 "저는 별다른 비결을 갖고 있지 않습니다. 단지 저는 상품을 팔기 전에, 사람을 만나기 전에, 제가 주님 앞에 나가서 받은 놀라운 은혜를 생각합니다. 그리고 예수님을 만났을 때의 기쁨을 마음에 새깁니다. 그로부터 생겨진 좋은 일들, 행복했던 일들을 생각하면서 기쁨을 가지고 사람을 만나고 초인종을 누릅니다. 그것뿐입니다. 그런데 사람들은 저의 말에 잘 따라 주었습니다"라고 간증을 했습니다.

실제로 그 집사님 내외분이 교회에서 얼마나 봉사를 잘하는지, 함께 일을 하고 봉사해도 전혀 부담이 되지 않습니다. 언제나 기쁜 얼굴이요, 웃는 얼굴입니다. 기쁨으로 살아가니 하는 일도 잘 됩니다. 봉사를 해도 즐겁고 감사할 일 뿐입니다.

사명을 주심에 감사

　하나님께서 우리에게 말씀을 주시고(14절), 진리로 거룩하게 하시고 (17,19절), 세상으로 보내주신(18절) 사명에 감사하는 축복이 있습니다. 이것도 하나님의 백성된 우리가 받은 큰 축복입니다. 예수님께서는 이러한 축복된 성도들이 되도록 기도하셨습니다.

　하나님의 말씀이 없으면 망하는 백성이 됩니다. 진리가 없어서 거룩하지 못하면 저주 속에서 삽니다. 아무리 출세하고 성공해도 하나님의 말씀이 없고, 진리에서 떠나 있으면 그는 이미 하나님의 진노와 저주 속에 있는 사람입니다. 왜냐하면 하나님께서는 그를 방임한 상태로 두기 때문입니다.

　에베소서 4장 18, 19절에 보면, 진리가 없어 거룩하지 못한 백성에 대해 *"마음이 어두워져서 하나님께서 주시는 생명을 얻지 못한 사람이 되었으니, 이는 그들이 무지하고 마음이 완고하기 때문이요, 그들은 도덕적인 감각을 잃고 제멋대로 방탕에 빠져서 온갖 더러운 짓을 하고 있기 때문이다"*라고 했습니다. 하나님께서 보내주시지 않은 자의 삶이란 허무하고 헛되어 부패에 돌아갈 뿐입니다.

　하나님께서는 우리에게 말씀도 주시고, 거룩한 백성 삼으시고, 세상에 보내서 사명을 가지고 살게 하시며, 목적을 알고 살아가게 하시며, 세상을 개혁시키고, 복음으로 새롭게 하며, 사람들을 복된 길로 인도하게 하셨습니다. 이 얼마나 축복된 성도의 삶입니까? 이런 하나님께 우리는 마땅히 감사하며 살아야 합니다.

우리들은 아무런 사명도, 목적도 없이 사는 존재들이 아닙니다. 하나님께서 말씀을 주시고, 거룩하게 하시고, 사명자로 세상에 보내주셨습니다. 그러므로 우리의 삶이야말로 존재하고 있는 그것 자체만으로도 참으로 축복된 삶인 것입니다.

힘들다고 원망 하고, 내 생각과 다르다고 비판 하고, 내 계획과 다르다고 절망할 일이 아닙니다. 어려워서 더욱 힘쓰니 감사하고, 힘이 들어 더욱 노력하니 감사하고, 내 생각과 달라 배울 수 있으니 감사하고, 내 계획과 달라 하나님의 뜻을 깨닫게 되니 감사할 뿐입니다.

어느 시골에 자기가 원하는 만큼 소출이 나오지 않는다고 생각한 농부가 있었습니다. 열심히 일한다고 했지만, 병충해, 홍수 때문에 농사가 제대로 되지 않았습니다. 가족을 부양하는 데는 부족하지 않았지만, 부자가되기에는 너무나도 부족한 것이었습니다. 그래서 좀 더 풍부한 소출이 있어서 부자가 될 수 있도록 하나님께 "햇볕도 넉넉하게 주시고, 비도 알맞은 만큼만 주시고, 바람도 불지 않게 해주시고, 해충은 다 사라지게 하시고, 올해는 풍년이 되게 해 주십시오"라고 기도했습니다.

그래서 그런지 그 해에 농부가 기도한 대로 햇볕도 넉넉하고, 비도 적당하게 내리고, 병충해도 없었습니다. 농사가 잘 되었습니다. 벼이삭이 무럭무럭 자라는 것을 보고 농부는 감사해서 논두렁에서 감격에 겨워 무릎을 꿇고 하나님께 감사 기도를 했습니다.

그런데 갑자기 논에 들어가 있던 아내의 비명소리가 들려왔습니다. 농부의 아내가 벼이삭을 비벼보니 그 안에는 아무것도 들어 있지 않는 쭉정이였습니다. 너무나도 순탄한 날씨가 계속되다 보니 벼이삭이 제대로 여물지 못한 것입니다.

그제야 농부는 하나님께서 몹시 비바람이 치게 하시고, 때로는 가뭄도 주시고, 때로는 병충해도 주시는 이유를 깨달았습니다. 농부는 다시 내용을 고쳐서 "내년에는 벼가 튼튼하게 자랄 수 있을 정도로 적당하게 문제도 주시옵소서"라고 기도했습니다.

우리 인생의 길에 힘들고 어려운 일이 있는 것은 우리 삶이 더욱 견고하게 하심입니다. 더욱 우리의 삶이 확실한 목적 속에서 사명을 감당하며 살게 하려는 하나님의 특별한 계획이요, 특별한 축복임을 깨달아야 합니다.

인생의 길에서 만나는 여러 가지 문제들도 생각하면 참으로 감사한 것이요, 내게 주시는 하나님의 은혜요, 축복인 것입니다. 감사함으로 받으면 버릴 것이 하나고 없다고 했습니다(딤전 4:3).

비록 어려움과 시련이 있어도 *"너희 믿음의 시련이 인내를 만들어 내는 줄 너희가 알리라"*(약 1:3)고 했습니다.

4. 감사는 풍성한 삶을 누리게 합니다

(빌립보서 4:11-20)

주 안에서 누리는 풍부한 삶이란 모든 하나님 백성의 궁극적인 삶의 모습입니다. 하나님께서는 구약의 이스라엘 백성들에게서나 신약의 그리스도인들에게서나 동일하게 풍성한 삶을 누리기를 원하셨습니다. 그래서 구약시대에는 특별히 절기를 지키게 하였고 신약에서도 풍부한 삶을 누릴 수 있는 비결을 말씀하셨습니다.

본문에서 사도 바울은 빌립보 교회 성도들의 관심에 대해서 칭찬하면서 일체의 풍부에 처하는 삶의 비결을 밝히고 있습니다.

자족하는 삶

바울은 성도의 풍성한 삶은 '자족하는 삶'에 있다고 했습니다. 11절에서 "내가 궁핍함으로 말하는 것이 아니라, 어떠한 형편에서든지 내가 자족하기를 배웠노라"고 했습니다. 그래서 18절에서는 "내게는 모든 것이 있고, 또 풍부하다"고 했습니다. 자족하는 마음에 풍성한 삶이 주어진다는 것을 말하는 것입니다.

'자족'(αυταρχης; 아우타르케스)이란 말은 '스스로 만족할 줄 아는 고도의 절제된 삶의 모습'을 의미합니다. 자족은 당시 스토아 철학자들의 기본적인 덕목으로, 자족하는 삶은 근본적으로 인간을 자유하게 만들어 주는 것입니다.

인간이 자족하지 못하여서 물질이나 권력에 매이게 되면, 그는 자유한 자가 될 수 없습니다. 언제나 그런 것들에 매여서 이리저리 끌려 다니게 됩니다. 그러다가 결국은 멸망하게 되는 것입니다.

자족하는 마음이 없으면 아무리 가져도 부족하고 풍족함을 모릅니다. 이런 사람은 감사를 모릅니다. 죽어도 행복할 수 없습니다.

소유의 관점에서 볼 때 사람을 두 부류로 나눌 수 있습니다.

하나는 부자이면서 궁핍한 사람이 있습니다. 가진 것은 많은 데 항상 만족하지 못하고 여유가 없이 사는 사람입니다.

다른 하나는 가난한데 풍부한 사람이 있습니다. 이 사람은 가진 것은 없는데 항상 만족하고 여유 있게 사는 사람입니다.

이 두 부류의 사람 중에 누가 부유한 사람입니까? 누가 행복한 사람입니까? 관점에 따라서 다를 수 있겠습니다. 가진 것도 많고 만족함도 누릴 수 있는 여유가 있다면 진정으로 부유하고 행복한 삶을 살 수 있을 것입니다. 하지만 그것이 쉽지 않습니다.

궁극적으로 풍족함의 문제란 자족하는 마음이 있느냐 없느냐에 달려 있는 것입니다. 그러나 대부분의 사람들이 자족하는 마음의 여유가 없습니다. 그래서 바울은 고린도 교회 성도들에게 "근심하는 자 같으나 항상 기뻐하고, 가난한 자 같으나 많은 사람을 부요하게 하고, 아무 것도 없는 자 같으나 모든 것을 가진 자로다"(고후6:10)라고 하면서, 고린도 성도들이 보다 마음이 넓어져서, 주 안에서 누릴 수 있는 성도의 참된 풍성한 삶을 권하고 있습니다.

본문 12절에서, 바울은 어떤 형편에든지 처할 줄 아는 자족지도(自足之道)를 말하고 있습니다. "내가 모든 일에 배부르며, 배고픔과 풍부와 궁핍에도 처하는 일체의 비결을 배웠다"라고 했습니다. 있으면 있는 대로, 없으면 없는 대로, 풍부와 궁핍의 극단적인 상황, 어디에도 처할 줄 아는 비결을 배웠다는 것입니다.

이 말을 하고 있는 바울은 지금 로마의 감옥에 있습니다. 감옥에 있는 바울이 18절에서 말하기를 "내게는 지금 모든 것이 있고 또 풍부하다"라고 했습니다.

감옥에 있는 바울이 뭐가 그리 풍부해서 부족한 것이 없다고할 수 있겠습니까? 실제로 풍부하게 있어서가 아니라 비록 좁은 감옥의 공간에 있지만 그는 모든 것을 소유하고 온 세상을 품을 수 있는 넓고 여유 있는 마음의 넉넉함을 말하는 것입니다. 자족하는 마음이 있으면 언제나 풍부합니다. 그래서 감사가 넘치게 되는 것입니다.

용인에 있는 민속촌에 가면 옛날 우리 조상들의 생활 모습을 볼 수 있습니다. 그 중에서도 주거 공간을 보면 신기할 정도로 좁다는 것을 알 수 있습니다. 방들이 얼마나 작은지 세간이 거의 없는데도 겨우 두 세 사람이 누우면 꽉 찰 정도입니다.

우리 조상들은 그런 집이지만 만족한 삶을 살았습니다. 왜냐하면 창만 열면 모든 세상이 다 자기의 정원이요, 마당이기 때문입니다. 방이란 것은 단순히 비나 이슬만 피하는 공간일 뿐입니다. 세상 모든 것이 생활공간이라는 넓은 마음, 여유 있는 마음을 가졌었습니다.

요즘 사람들은 정 반대입니다. 자기만의 공간에 울타리를 치고 삽니다. 그래서 울타리 안에만 내가 사용하는 공간이요, 울타리 밖은 내가 사용할 수 없는 공간이라고 생각합니다. 그래서 자꾸 자기 울타리를 넓히려고만 합니다. 그러다가 울타리를 넓히지 못하면 불만스럽고 불행해 지는 것입니다.

어떤 마음의 자세를 갖느냐에 따라서 자족하는 비결을 배울 수 있습니다. 눈에 보이는 것이 중요하냐 아니면 보이지 않는 것, 그리고 그 속에 담겨있는 의미가 중요한가? 양이냐 질이냐? 세상적인 것이 중요하냐 아니면 영적이고 신앙적인 것이 중요한 가? 이 땅에서의 배부름이 중요하냐 아니면 하나님 나라의 영원한 생명이 중요한 가? 나의 유익이 중요하냐 아니면 이웃의 유익이 중요한 가?

어디에 중점을 두고, 무엇을 의미 있게 생각하며, 무엇을 위해 사느냐에 따라서 자족하는 비결을 배울 수가 있습니다.

칼빈은 말하기를 "사람이 비천해 지면 낙심하고 우울해 지게 되고, 사람이 풍부해 지면 교만해 지기 쉽다"라고 했습니다. 자족하는 마음이 없으면 부족해도 문제요, 풍족해도 문제요, 결국 이래저래 얽매이는 노예가 됩니다.

그러므로 우리는 자족하는 삶을 배워야 합니다. 자족하는 생활을 통하여 참으로 주안에서 자유로운 성도의 풍성한 복된 삶을 누릴 수 있습니다.

나누는 삶

성도의 풍성한 삶은 '나누는 삶'에서 나온다고 했습니다. 14-15절에서 바울은 빌립보 교회만이 바울의 괴로움에 함께 참여하여 어려움 가운데서도 물질을 나누는 교회였음을 밝히고 있습니다. 바울은 빌립보 교회의 이러한 나누는 마음을 18절에서 *"주님께서 받으실 만한 향기로운 제물이요, 하나님을 기쁘시게 하는 것이라"*고 했습니다.

빌립보 교회의 나눔의 삶은 첫 수확물을 거두어서 하나님께 드리며 감사하고, 어렵고 힘든 이웃들과 나누며 기뻐하는 구약의 감사절 전통의 연장에 있는 것입니다.

하나님을 기쁘시게 하기를 원한다면 나누는 삶을 사시기 바랍니다. 넉넉하고 풍족한 삶을 원한다면 나눔의 삶을 사시기 바랍니다. 나누는 곳에 더욱 풍성함이 있습니다.

넉넉한 것을 나누는 것은 누구든지 할 수 있습니다. 그러나 넉넉하지 못한 가운데 나누는 것은 참으로 귀한 것입니다. 이런 나눔을 하나님은 기뻐하시고, 하나님께서 받으시는 향기로운 제물이라고 했습니다.

이스라엘 백성들은 출애굽의 고난과 광야에서의 힘든 생활을 통하여 나눔의 삶이 얼마나 소중한 것인가를 체득한 사람들입니다. 이런 삶의 체험은 자연스럽게 가나안 땅에서 수확물을 거둘 때 어려운 사람들과 함께 나누는 삶을 살게 했습니다.

마찬가지로 예수님께서 죄를 사하기 위하여 지신 십자가의 구속의 은혜는 모든 그리스도인들에게 풍성한 삶을 얻게 했고, 그 은혜로 주어진 풍성한 삶은 자연히 나누는 삶을 배우게 합니다.

요한복음 10장 10절에서 예수님께서 분명히 말씀하셨습니다. "*내가 온 것은 양으로 생명을 얻게 하고 더 풍성히 얻게 하려는 것이라.*"

예수 안에서만 가능합니다

성도의 풍성한 삶은 예수 안에서만이 가능한 것입니다. 13절에서 바울은 자신의 자족하는 마음은 "능력 주시는 예수 안에서 가능한 것"임을 밝힙니다. 그리고 19절에서도 "하나님께서 그 풍성한 대로 너희 모든 쓸 것을 예수 안에서 채우신다"라고 하였습니다.

성도의 풍성한 삶은 하나님의 채우심으로 이루어집니다. 반드시 예수 안에서만이 채워지는 것입니다. 그러므로 누구든지 예수 밖에 있으면 결단코 풍성한 것으로 채워지지 않습니다. 예수 밖에서는 설령 채워 진다하더라도 불만 충만, 원망 충만, 죄악으로 가득하게 채워 질뿐입니다.

이제 풍성한 삶의 비결을 알았습니다. 문제는 어떻게 '자족하는 삶'을 살며, '함께 나누는 생활'을 하며, '예수 안에서의 삶'을 살 수 있느냐 하는 것입니다. 그것을 한 마디로 요약한다면 감사의 생활입니다.

구약의 맥추감사절 전통을 살펴보면 우리가 예수 안에 있어야 풍성함으로 채워지는 이유를 알 수 있습니다.

구약성경에 하나님의 백성들이 지켜야 할 절기가 세 가지가 나옵니다. 유월절(무교병의 절기)과 첫 수확물을 드리는 맥추절, 그리고 밭에서 거둔 수확물을 저장하는 수장절입니다(출 23:15-16).

이 절기 중에 맥추절은 초실절 또는 칠칠절이라고도 합니다. 초실절이라 함은 첫 번째 수확물을 하나님께 드린다는 의미로 그렇게 불렀습니다. 칠칠절이라 함은 유월절이 끝나는 날부터 7주째 되는 날에 지키는 절기라 해서 그렇게 불렀습니다. 그래서 이 칠칠절과 함께 오순절이란 말도 나왔습니다. 그리고 맥추절이라 부른 것은 그들이 수확한 곡물이 주로 보리였기 때문에 맥추절이라 불렀습니다.

성경에는 다양한 절기에 대한 명칭이 있습니다만 하나님께서 이러한 절기들을 지키라고 명령하셨습니다(신 26:1-11, 출 23:14). 이스라엘 백성들은 이 절기들을 열심히 지키려고 힘쓴 것은 중요한 이유가 있습니다.

첫째는 애굽에서 구하여 내신 하나님께서 이렇게 좋은 가나안 땅을 허락해 주셨음을 기억하게 해서 모든 것이 하나님의 은혜로 된 것임을 잊지 않게 하기 위함입니다(신 26:10).

둘째는 하나님께로부터 받은 은혜이기 때문에 그 은혜의 소산물들을 이웃과 함께 나누라는 배려입니다. 그래서 가난한자, 약한 자, 그리고 같이 우거하는 외국인과 나그네들과도 함께 하나님의 은혜를 누리도록 하라는 하나님의 배려입니다(신 26:11).

셋째는 이렇게 절기를 지킴으로 지금까지 복 주신 하나님의 풍성케 하신 은혜가 앞으로도 계속해서 주의 백성과 이 땅에 임하게 되기를 기원하는 신앙을 갖게 하는 것입니다(신 26:15).

이스라엘 백성들은 첫 수확물을 들고 하나님 앞에 나와서 "하나님께서 주신 땅에서 거두어들인 첫 수확물을 가져 왔습니다"라고 감사하면서, 다음에도 이와 같은 감사의 제물을 드릴 수 있도록 하나님의 은혜를 기원했습니다.

하나님께서 이스라엘 백성들에게 맥추절을 지키라 하신 것은 역시 하나님의 은혜를 기억하고, 하나님만을 섬기며 살도록 하심입니다. 우리가 하나님과 함께 하기만 하면, 계속해서 풍성한 삶을 누리게 해 주시겠다는 것입니다.

어떤 사람이 앵무새의 노래를 듣고 싶어서 앵무새를 처음으로 사서 키웠습니다. 그런데 아무리 기다려도 앵무새가 노래를 하지 않습니다. 그래서 조류원에 가서 조언을 구했습니다.

"아마 외로워서 그럴 것입니다"라는 말을 듣고 친구 앵무새를 넣어 주었습니다. 그런데 여전히 노래를 부르지 않습니다. "심심해서 그럴 것입니다"라는 말을 듣고는 그네를 달아 주었습니다. 하지만 여전히 노래를 하지 않습니다. "앵무새는 원색을 좋아 하니까 새장을 예쁘게 색칠해 주십시오"라는 말을 듣고는 예쁜 색칠을 해 주었지만 여전히 앵무새는 노래를 할 생각을 않습니다.

어느 날 아침에 두 마리의 앵무새가 함께 죽어 있었습니다. 왜 죽었을까요? 필요한 것을 다 해 주었지만 노래도 부르지 못하고, 결국 죽어 버렸습니다.

이 사람은 앵무새가 노래해야 한다는 데 너무 집착한 나머지 한 번도 앵무새에게 먹이를 주지 않았습니다. 앵무새는 배가 부르면 저절로 노래를 하는 새입니다. 앵무새에게는 다른 것이 필요 없습니다. 먹이를 잘 주기만 하면 되는 것입니다.

인간이란 예수님을 영접하고 그 안에서 거하기만 하면 저절로 풍성한 열매를 맺고, 풍성한 삶을 누릴 수 있도록 되어 있습니다. 요한복음 15장 3절에서 "누구든지 예수 안에 있지 않으면, 절로 과실을 맺지 못하리라"고 했습니다. 누구든지 예수 안에만 있으면 저절로 과실을 맺고 풍성하게 된다는 말입니다.

그런데 사람들은 예수 안에 있을 생각은 하지 못하고, 세상적인 것들에만 관심을 가집니다. 예수님 안에 거하기만 하면 되는데, 쓸데없는 허탄한 것들로 풍성한 삶을 추구하고 있습니다. 그러므로 아무리 다른 것들로 채워도 결단코 풍성해 질 수 없습니다.

성경은 "하나님만 섬기라. 주 예수를 믿으라. 내 안에 거하라… 그리하면 이 모든 것을 더 하리라. 세상 모든 것의 주인이신 주께서 이곳에 평강을 더하리라. 오늘부터 복을 주리라"(학 2:9, 3:19)고 하였습니다.

예수님 안에 있을 때 물질의 풍성함 뿐 아니라 정신의 풍요로움과 영혼의 풍성함으로 더해 주십니다.

감사절은 자족하는 삶의 도를 배우게 해서 더욱 풍성한 삶을 살게 하는 것입니다. 감사절은 나눔의 삶을 살게 함으로 풍성한 성도의 삶을 살게 하는 것입니다. 감사절은 하나님만을 섬기고 하나님 안에 있도록 함으로 더욱 풍성한 성도의 삶을 살게 하는 것입니다.

"거기 누가 있는가?"라는 제목의 동화 이야기입니다. 조그마한 연못 동쪽에 물망초가 살고 있었습니다. 그 물망초는 늘 불만 속에서 살았습니다. '왜 나는 늘 물속에서만 살아야 되는가?'라고 불만을 품고 있었습니다.

물방개를 보면 물속 어디든지 헤엄쳐 갈 수 있는 게 부러웠습니다. 물잠자리를 보면 날개가 있어서 어디든지 날아가는 게 부러웠습니다. 토끼를 보아도 어디든지 달려 갈 수 있는 것이 부러워서 자신의 신세를 한탄

하고 불평하였습니다. 매일같이 불평하고 투정만 하고 살았습니다. 그러니 신경질이 이만저만이 아닙니다. 물방개가 찾아오면 불평부터 쏟아 놓습니다. 물잠자리가 찾아와도 말끝마다 시비요, 부정적이고 비아냥거리는 식의 삶이었습니다.

그런데 연못 서쪽에 살고 있는 물망초는 늘 즐거웠습니다. 그는 물속에 살고 있는 것에 대해 늘 감사하고 살았습니다. 자기를 찾아오는 물방개며 물잠자리와도 함께 기쁨을 나누며 즐거운 노래를 부르며 살았습니다.

얼마 후 불만 속에 있던 물망초에게는 찾아오는 물방개도 없고, 물잠자리도 없었습니다. 급기야는 점점 물 파래에게 자리를 빼앗기고 결국에는 죽어 가고 있었습니다.

그러나 늘 감사 속에서 즐거워하며 산 물망초는 그 뿌리가 날로 번성하고, 보다 많은 생명체들이 찾아 와서 함께 노래하며 더불어서 풍성한 삶을 누리고 살았습니다.

풍성한 삶을 누리는 사람은 어떤 사람인지를 교훈하는 이야기입니다.

5. 감사는 다윗처럼 해야 합니다

역대상 29:10-15)

세상을 살면서 하나님께 감사하면서 산다는 것이 쉬운 일이 아닙니다. 실제로 성도들의 감사하는 삶을 보면 겨우 신앙적인 체면을 세우는 정도에 불과함을 고백하게 됩니다. 좋은 일에는 당연히 나의 이름이 앞섭니다. 나쁜 일에는 즉각 원망과 불평과 짜증이 앞섭니다.

심지어는 하나님 앞에 나와서 예배하는 한 시간 조차도 감사하지 못한 채 불평과 불만가운데서 앉아 있을 때가 많습니다.

"범사에 감사하라"(살전 5:18)고 하지만, 나는 선별해서 감사합니다. *"하나님의 은택을 잊지 말라"*(시 103:2)고 하지만 하나님의 은혜는 다 잊어버리고 원망과 불평 속에서 삽니다.

하나님 하시는 일을 기뻐하며 즐거워하고 형제와 더불어 나누는 기쁨을 가져야 함에도 하나님의 하시는 일들을 훼방하고, 싫어하고, 거역하며, 형제의 마음을 아프게 할 때가 많습니다. 나는 감사의 조건을 찾기보다는 원망할 거리를 찾는 일에 더 바쁜 모습을 보았습니다.

어느 날 내가 감사하지 못하고 사는 이유가 무엇일까 생각해 보다가 내 속에서 감사하지 못하도록 하는 것들이 있음을 발견했습니다.

첫째는 내 영혼이 나도 모르는 사이에 어느새 병이 들어 있었습니다. 내 속에 있는 죄성 때문에 하나님께 감사하는 삶을 살지 못하고 있었습니다.

나의 두꺼운 아집과 고집, 굳어진 사고의 틀이 나를 교만하게 만듭니다. 나의 교만함이 하나님의 사랑을 깨닫지 못하게 합니다. 불순종하게 만듭니다. 예수님의 십자가 은혜마저도 헛되게 하고 잊게 만듭니다.

하나님께서 나의 모든 죄악을 사하시고, 나의 병을 고쳐주시고, 나의 생명을 구하시고, 인자와 긍휼로 관을 씌워 주시고, 좋은 것으로 내 소원을 만족하게 하시는 은혜(시 103:3-5)가 있는데도 감사하지 않으므로 모든 은혜를 헛되게 만들어 버립니다.

때로는 내 속에 있는 욕심과 옛사람의 마음이 성령 충만한 삶에서 나를 멀어지게 합니다. 그래서 나는 마땅히 감사해야 할 일에도 감사하지 못하고 있었던 것입니다.

사람이 감사하지 못하는 것은 물질이 없어서가 아닙니다. 사업이 안 돼서 그런 것도 아닙니다. 육신의 질병 때문에 그런 것도 아닙니다. 슬프고 아픈 일들로 인하여 감사하지 못하는 것도 아닙니다. 악화된 인간관계로 감사하지 못하는 것도 아닙니다. 아무리 힘든 환경 속에서도 감사하며 사는 사람이 너무나도 많기 때문입니다.

결국 인간 속에 있는 죄성으로 인해 감사하지 못하는 겁니다. 악한 사탄은 내 안에서 언제까지나 파멸의 길을 가도록 "감사할 것이 어디 있느냐"고 가르치고 있는 것입니다.

로마서 1장에서 바울은 *"사람이 하나님 앞에 감사하지 않는 것 자체가 죄"*라고 했습니다(롬 1:21). 사람들은 마땅히 하나님 앞에 감사해야 함에도 불구하고 하나님 앞에 감사하지 않고 우상을 숭배합니다. 감사하는 마음조차도 갖지 않습니다. 바로 이것이 죄 속에 있는 인간의 모습인 것입니다(딤후 3:5).

결국 우리들은 물질이 없어서 감사하지 못하는 것이 아니라, 하나님의 사랑, 하나님의 주권, 하나님이 주인 되심을 고백하지 못해서 감사하지 못합니다. 예수님의 십자가 고통과 죽음의 은혜를 확실히 믿지 못하고 인정하지 못해서 감사하지 못하는 것 입니다. 성령님의 인도하심에 나를 순종시키지 못해서 감사하지 못합니다.

우리는 다윗을 통해서 어떻게 감사하는 삶을 살 수 있을지 배울 수 있습니다. 본문 13절 말씀에서, 다윗은 이스라엘 모든 백성 앞에서 하나님 아버지께 찬양하며 외쳤습니다.

"우리가 지금 하나님께 감사를 드립니다. 하나님의 빛나는 이름을 찬양합니다."

다윗의 일생은 온전히 하나님께 감사한 삶이었습니다. 다윗에게는 위대한 삶의 모습이 많습니다. 그 중에서도 단연 돋보이는 부분은 바로 하나님을 향한 감사의 생활입니다.

다윗은 왕이 되고 온갖 부귀영화를 다 누렸으니 당연히 감사할 수밖에 없다고 하겠지만, 감사란 것이 있다고 감사하는 것이 아닙니다. 실제로 많이 가지고, 높은 자리에 있고, 넉넉해도 감사하지 못하고 사는 사람이 얼마나 많습니까.

다윗 왕은 인간적으로는 별로 감사할 일이 없습니다. 다윗이 왕이 되기 전에 얼마나 많은 죽음의 위협으로 고생했는지 모릅니다. 하늘을 이불 삼고 땅을 요로삼아 건건한 땅 바위틈에서 몸을 숨기고 자야 하는 생활이 계속되었습니다. 하지만 그는 아무리 힘들어도 "여호와 하나님 나의 목자시니 내가 부족함이 없습니다"(시 23:1)라고 노래했습니다.

압살롬은 아버지 다윗에게 반역을 일으켜 왕위를 찬탈하려 대적했습니다. 그는 아들에게 배신당하고 왕궁을 버린 채 몸을 피해 도망가는 신세가 되기도 했습니다. 그러나 다윗은 아들과 신하들의 배신으로 인해 비참하게 도망가는 신세가 되었지만, 결코 원망하거나 불평하지 않았습니다. 오히려 자신의 부덕함을 고백하면서 하나님 앞에 죄 사함을 빌었습니다. 그리고 아들 압살롬을 위하여 오랫동안 기도했습니다.

다윗은 하나님 앞에 아름다운 성전을 지어 봉헌하기를 얼마나 소원했는지 모릅니다. 하지만 하나님은 결코 허락하지 않으시고 대신에 성전을 지을 수 있는 자재는 준비 할 수 있다고 말씀하셨을 때 그것이 고맙고 기뻐서 하나님께 감사하였습니다.

다윗의 위대한 삶의 모습이 여기에 있습니다. 좌절 속에서도 감사를 잊지 않은 것입니다. 비록 그가 소원한 바가 이루어지지 않았지만 그럼에도 불구하고 하나님의 위대함을 감사했습니다. 다윗이 계획하는 바가 아무 것도 된 것이 없었지만, 다윗은 감사했습니다. 다윗은 자기의 모든 것을 하나님께 드릴 수 있다는 그것만으로도 감사했고, 섬기고 봉사할 수 있음에 감사했습니다.

본문 14, 15절에 보면 다윗이 어떻게 그렇게 순수한 감사를 드릴 수 있었는지를 알 수 있습니다.

"이 몸이 무엇이며, 이 몸이 거느린 백성이 무엇이기에 이렇듯이 기쁜 마음으로 바칠 수 있는 힘을 주셨습니까? 이 모든 것이 하나님께서 주신 것이기에 하나님 손에서 받은 것을 바쳤을 따름입니다. 하나님 보시기에 저희는 조상들처럼 이리저리 떠돌며 몸 붙여 사는 신세였습니다. 아무 희망도 없이 떠도는 모습은 마치 이 땅위를 스쳐 지나가는 그림자 같았습니다. 그런데 하나님께서 성전을 짓는데 쓰라고 이 많은 것을 주셨습니다. 하나님 손에서 받은 것이기에 이 모든 것을 하나님께 바칩니다."

모든 것이 하나님께서 주신 것이라는 고백과 함께 비록 부족하지만, 하나님 앞에 드릴 수 있다는 것만으로도 감사한 다윗의 기도와 찬양은 모든 하나님의 사람들에게 귀감이 되는 겁니다.

다윗의 감사 찬양은 그의 겸손한 삶과 인격에서 나온 겁니다. 겸손한 가운데 생각하면 모든 것이 감사할 것 밖에 없다는 고백이 저절로 나옵니다. 교만은 우리에게 결코 감사의 삶을 허락하지 않습니다.

다윗의 감사 찬양은 그의 순수한 신앙고백에서 나왔습니다. 11, 12절에서 "하나님은 위대하십니다. 하늘과 땅에 있는 것 어느 것 하나, 하나님의 것이 아닌 것이 없습니다. 부귀영화도 하나님께서 주신 것입니다. 하나님께서는 세상의 통치자이십니다. 힘과 용맹조차도 하나님께서 주신 것입니다. 하나님께서 힘을 주시지 않으시면 아무도 높아 질 수 없습니다"라는 순수한 고백이 감사하는 삶을 살게 하는 것입니다.

우리는 자수성가한 사람을 보면 참으로 존경스럽습니다. 빈손으로 상경해서 우여곡절 끝에 독학으로 공부하고, 누구의 도움 없이 많은 재물을 모으고, 자손들을 많이 낳아서 좋은 가문을 이루어 낸 사람, 그런 사람은 존경 받아 마땅합니다. 자기 스스로도 자부심을 가질 일입니다.

하지만 그런 분들은 대체로 감사를 모른다는 겁니다. 왜냐하면 자신은 아무에게도 도움을 받은 것이 없으니 감사할 일이 없다는 것입니다. 이런 사람들은 대부분 성공은 하였지만 불행합니다.

자신은 누구 도움 없이 스스로 성공했다고 하지만 사실 따지고 보면 혼자되는 사람이 어디 있습니까? 다른 사람의 도움 없이 되는 것은 없습니다.

하지만 하나님을 알지 못하는 사람은 이것을 모릅니다. 그래서 감사하지 못하는 것입니다. 하나님을 아는 사람은 이 모든 것이 하나님께로부터 온 것임을 압니다. 하나님께만 아니라, 주변에 있는 사람들의 협력과 도움으로 된 것임을 압니다. 그래서 하나님께 감사하고 주변 사람들에게도 감사하고 삽니다. 이런 사람은 행복한 것입니다.

1996년에 읽은 책입니다. 86세 되시는 연세에도 건강하게 하나님의 영광을 드러내면서 많은 사람들에게 깊은 감명을 주는 삶을 살고 계시는 어느 장로님의 자서전이었습니다.

그 책 제목은 자신의 이름 앞에 '사랑에 빚진 자'란 제목을 붙인 것입니다. 그가 지금까지 기업가로서 성공적인 삶, 다복한 가정생활, 60년을 해로한 부부생활, 신용 있는 기업인으로서의 생활, 교회에서의 봉사생활, 사회에서의 생활, 정치, 경제, 사회, 문화 모든 분야에서의 영향력 있는 봉사활동들이 어느 것 하나, 자기 혼자 된 것은 없고 모두가 다 하나님의 사랑이었고 여러 사람들의 사랑으로 된 것임을 고백하였습니다. 그래서 '사랑에 빚진 자'라고 고백했습니다.

그래서 그 분이 있는 곳에는 언제나 행복이 베어 납니다. 사랑해 주신 분이 있고 사랑할 사람이 있다는 것 보다 더 행복한 삶이 어디 있겠습니까.

모든 것이 하나님께로부터 온 것임을 알고 사는 사람은 감사를 압니다. 감사를 아는 사람은 행복합니다.

6. 감사는 진실해야 합니다

(사무엘하 7:18-27)

1995년 6월 말에 삼풍백화점이 무너졌습니다. 참으로 안타까운 비극적인 일을 겪었습니다.

사람들은 감출 수 없는 허탈감과 표현할 수 없는 배신감을 느꼈습니다. "성수대교가 무너지고, 대구 지하철 공사장 가스폭발 사고가 난지 얼마나 되었는데… 어떻게 또 다시 이러한 일들이 일어날 수 있는가?"라고 하며 사람들은 모두 대형 참사 앞에서 할 말을 잃었습니다.

한스 큉(Hans Küng)이란 신학자는 오늘을 사는 기독교인들이 자신들의 생활 속에서 만나는 이러한 여러 가지 상황들을 통하여 그들이 경험하는 현상들을 이해할 수 있도록 기독교 복음에 대한 새로운 해석을 시도했습니다.

그는 이 시대를 "방황과 규범과 의미를 상실한 시대"라고 하였습니다. 이러한 시대에 그 모두를 온전하게 회복시켜 줄 것은 오직 부활하신 "그리스도의 영을 따라 사는 회개의 삶"뿐임을 지적하였습니다. 그는 그리스도의 영을 따라 사는 회개의 삶의 구체적인 생활상을 다섯 가지로 설명했습니다.

첫째, 그리스도의 삶을 통해 보는 '새로운 의식'
둘째, 예수 안에서 해답을 찾는 '새로운 동기'
셋째, 그리스도의 삶을 배우는 '새로운 자세'
넷째, 예수로 인한 '새로운 행동'
다섯 째, 예수 안에서 발견되는 '새로운 의미'

한스 큉이 말하는 이 모든 새로운 삶의 내용을 따져보면, 궁극적으로는 '성도의 감사 생활'에서 시작되고, '감사 생활'로 귀착되게 됩니다. 감사의 생활이 없으면, 회개로 인한 새로운 삶이 무슨 의미가 있겠습니까?

우찌무라 간조가 말한 것처럼, "감사가 없는 삶은 고통이요, 감사가 없는 그 사회는 글자 그대로 지옥"일 뿐입니다.

감사의 생활이 그래서 중요한 것입니다. 하나님께서도 그의 종들을 통하여 사람들에게 이렇게 소중한 감사의 생활을 명령하십니다. 성경에 보면 얼마나 많은 종들을 통하여, "감사하라"고 권면하는지 이루 헤아릴 수 없이 많습니다.

구약성경에 보면, 하나님께서는 일찍이 이스라엘 백성들에게 감사의 생활을 가르쳤습니다. 하나님께서는 이스라엘 백성들이 농사를 지어서 거두어들인 수확에 대해 감사하면서 하나님께 '예배하는 절기'를 주셨습니다.

이스라엘 백성들은 밀 수확의 첫 열매를 하나님께 드리면서 비를 주시고, 농사를 잘 짓게 해 주신 하나님께 기쁨과 감사를 표현했습니다(렘 5:24). 모든 백성들은 노동의 일손을 멈추고, 하나님 앞에 수확한 밀가루로 떡 두 덩이를 구워서 요제로 하나님께 드리면서 감사했습니다(레 23:17). 이때 '할렐'이란 시편 113-118편에 나오는 찬송을 부르면서 영광을 주께 드리며 감사했습니다.

본문에 나오는 다윗도 감사의 기도로 하나님을 찬양하고 있습니다. 모든 이스라엘 백성이 그러했듯이 다윗의 생애도 언제나 하나님의 은혜에 대한 찬양과 감사와 경배의 생활이었습니다. 그런 다윗을 하나님께서 외면할 리가 없습니다.

일개 목동이었던 다윗을 이스라엘의 위대한 왕으로 세우시고, 하나님의 법궤를 은혜가운데 예루살렘으로 모시게 하고, 신성국가의 위대한 과업을 달성하게 했습니다. 뿐만 아니라 그 위를 대대로 영원히 세우시고 다윗의 집을 영원히 복되게 하셨습니다.

본문에 나오는 내용도 하나님의 법궤를 예루살렘 다윗의 성으로 옮긴 뒤에 하나님 중심의 국가를 수립하고, 성전건축을 계획하고 나단 선지자에게 말했을 때, 그 밤에 하나님께서 나단에게 묵시로 말씀하신 다윗에 대한 약속을 나단이 다윗에게 전하자, 다윗이 감격한 가운데 감사 기도한 내용입니다.

이 다윗의 감사기도는 우리에게 진실한 감사의 생활이 무엇인가를 세 가지로 보여 주고 있습니다.

첫째, 진실한 감사 생활은 언제나 하나님께서 복을 주신다는 은혜를 깨닫는데서 부터 가능합니다. 은혜를 깨닫지 못하고는 진실한 감사가 나올 수 없습니다. 하나님의 은혜를 깨달으면 즉시로 하나님께 감사할 수 있습니다.

다윗은 나단 선지자로 부터 하나님의 약속을 들었습니다. 그때 다윗은 바로 하나님 앞에 나가 앉아서 주체할 수 없는 감격 속에서 감사했습니다.

누가복음 17장 11절 이하의 말씀에 보면, 한센 병으로 고생하던 10명의 나환자들이 예수님을 만나고 한센 병이 나았습니다. 제사장에게 가서 보이라는 주님의 말씀을 듣고 가던 중에 나음을 발견했습니다. 그 가운데 사마리아 사람은 자기 병이 나음을 깨닫자마자 바로 제사장에게로 가던 발걸음을 돌이켜서 주님께로 달려 와서 감사했습니다. 그는 그 일로 더욱 큰 구원의 은혜를 입게 되었습니다.

진실한 감사 생활은 뒤로 미루는 것이 아닙니다. 하나님의 은혜를 발견하였으면 그 자리가 어떤 곳이든지, 그 시간이 언제이든지, 바로 그 곳에서 하나님께 감사해야 합니다. 그럴 때 하나님께는 영광이 돌려지고, 주의 복은 더욱 빛나게 됩니다.

그러나 감사를 뒤로 미루면 감사는 줄어듭니다. 그러다가 감사는 사라지고, 결국에는 불평과 불만 속에서 무의미하고 무능력한 생활로 돌아가게 됩니다.

두 번째로, 진실한 감사의 생활은 반드시 '하나님께 감사하는 것'입니다. 왜냐하면 하나님만이 인간에게 은혜를 베푸시고, 하나님만이 인간의 감사를 받으시기에 합당하기 때문입니다.

사도행전에 보면, 헤롯은 영광을 하나님께 돌리지 아니하다가, 결국 벌레에 먹혀 죽었던 사건이 있습니다. "하나님께서 치시므로 충이 먹어 죽었다"(행 12:23)라고 증언하고 있습니다.

하나님께 감사하지 못하는 자는 어리석은 사람입니다. 감사의 조건이 많을 때에 그 영광을 하나님 외의 다른 존재에게 감사하고, 우상에게 영광을 돌리는 자는 미련한 자입니다.

세 번째로, 진실한 감사의 생활은 감사 신앙에 기초한 감사의 기도와 찬양으로 나타납니다. 왜냐하면 하나님께서는 기도와 찬양을 통하여 우리의 감사를 받으시는 분이시기 때문입니다. 우리가 감사해서 하나님 앞에 예물을 드리는 것도 사실은 감사의 기도를 드리기 위함입니다. 그래서 예물을 드리고 난 뒤에는 반드시 기도를 하는 것입니다. 기도만이 하나님께서 기쁘게 받으시는 향기 나는 제물이기 때문입니다.

이러한 참된 감사의 생활을 생각해 보면서 우리의 감사를 살펴보아야 할 것입니다. 대체로 사람들은 "감사합니다"라는 말은 잘 사용합니다. 감사하다는 말조차 할 줄 모르는 사람보다는 낫지만, 감사한다는 말만 하지, 실제로는 생활 속에서 '감사의 마음'이 전혀 없는 모습으로 삽니다. 그래서 감사의 말은 풍요로운데 감사의 생활이 빈곤합니다. 그 결과는 감사의 열매가 없고, 언제나 곤고하고, 부족하고, 낙심한 가운데 불평과 불만이 가득한 삶을 삽니다.

실제로 여러 가지 고통과 낙심 속에서 신앙생활에 시험에 들어 사는 사람들을 만나보면, 그들에게 공통되는 문제를 쉽게 발견할 수 있습니다. 그 문제는 다른 게 아니라, 감사의 마음이 인색하고 감사의 열매가 없다는 겁니다. 그래서 감사보다는 늘 불만가운데 살고 있습니다.

그럴 경우 오직 한 가지 처방만 내리면 됩니다. 그것은 바로 '감사 신앙을 회복'시키는 겁니다.

감사 신앙의 회복은 감사 기도생활에서 시작됩니다. 감사 기도를 시작하면, 자연히 마음에 감사의 자세가 생깁니다. 그러면 생활전반에서 감사생활이 나타납니다. 그러면 더욱 감사할 일들이 많이 생겨납니다.

"하면 할수록 눈덩이처럼 불어나는 것이 감사입니다."

지금까지는 언제나 불만 속에서 더 달라고 기도하였지만, 이제 부터는 이미 모든 것을 주신 하나님께 감사하는 기도만 하는 것 입니다.

베드로 후서 1장 3절에 보면, "그의 신기한 능력으로 생명과 경건에 속한 모든 것을 우리에게 주셨으니"라고 했습니다. 하나님은 이미 모든 것을 우리에게 주셨다는 것이 우리의 고백이요, 믿음입니다.

일부만 주신 것이 아닙니다. 하나님의 자녀로서, 거룩한 성도로서, 행해야 할 생명과 경건에 필요한 모든 것을 주셨습니다. 하나님에게 받지 않은 것은 아무것도 없습니다. 그런데 우리는 주어도 받지 않고, 마치 구경꾼처럼 밖에 서서 서성이며, 왜 나에게는 주지 않느냐고 불평하며 달라고만 하고 있는 겁니다.

이제 우리는 이미 하나님의 자녀로서 복되게 살아가는데 필요한 모든 것을 하나님께서 주셨음을 "감사합니다"라는 말로 시인하고 확신하기만 하면 됩니다.

어느 집사님 집에 심방을 가서 참으로 딱한 사정을 듣게 되었습니다. 제가 그 집사님을 처음 보는데도 집에 들어서서 그 분을 보는 순간 한 눈에 그 집사님의 고통스러운 심정을 읽을 수 있었습니다.

그분은 자신의 한 많고 원통한 심경을 털어 놓았습니다. 행복한 생활을 하다가 어느 날 갑자기 남편이 죽었습니다. 슬픔을 잊으려고 아들을 결혼시키고 새로운 생활을 시작했는데, 이번에는 그만 재산까지 몽땅 상속시켜준 그 아들이 교통사고로 죽었습니다. 설상가상으로 아들 죽은 지 얼마 되지 않았는데, 이번에는 상속을 받은 며느리가 아들 친구와 눈이 맞아서 상속받은 재산하며 교통사고로 받은 보험금이니 위자료니 모든 재산을 정리해서 재혼을 해버렸습니다.

그러던 중에 시집가서 잘 살던 딸이 이번에는 도저히 못살겠다고 보따리를 싸들고 집으로 돌아왔습니다. 게다가 얼마 전에는 살고 있던 집마저 그 전 며느리 앞으로 상속이 되었으니 비워 달라는 통보가 왔다고 합니다.

불과 몇 년 사이에 이러한 일들이 줄줄이 이어졌습니다. 모녀가 얼마나 상심하고 낙심해 있는지요. 집사님 얼굴에는 내천 자(川)가 깊숙이 패여 있었습니다. 얼굴은 일그러지고 수심이 가득합니다.

그래서 제가 그 집사님에게 "집사님께서는 마음에 평안을 얻고 이 모든 일이 새로워지기를 바라느냐?"라고 물었습니다. 그랬더니 집사님 말씀이 "하나님께서 이렇게 하셨는데, 제가 무얼 바라겠습니까? 다시 그 전처럼 좋은 시절이 된다는 것은 불가능하지요"라고 하면서 잔뜩 낙심이 되어서 믿음 없는 말을 하는 겁니다. 그러면서 묻기를 "다시 좋아질 수 있는 방법이 있느냐"고 물었습니다. 그래서 제가 "저하고 약속을 하나 하고 그 약속을 잘 지키면 그전처럼 좋아질 수 있다"라고 했습니다. 앞으로 1년 동안은 단 한 가지도 '달라는 기도'는 하지 말고, '감사하는 기도'만 하기로 약속을 했습니다.

"하나님 감사합니다. 큰 구원 주신 것 감사합니다. 나의 죄 사해 주심을 감사합니다. 성령께서 내 속에 계셔서 나를 인도해 주신 것 감사합니다. 내 속에 기쁨을 잃지 않게 하심을 감사합니다. 평안을 주심도 감사합니다. 새로 시집가 버린 며느리가 새 삶을 시작하게 된 것도 감사합니다"라고 계속 감사의 조건을 찾아 감사의 기도를 하게 했습니다.

그 이후로 참으로 놀라운 일이 일어났습니다. 매 주일 만날 때 마다 얼굴이 밝아졌습니다. 생활자체가 눈에 띄게 달라지기 시작했습니다. 한 석 달쯤 지났는데 연락이 왔습니다.

"며느리가 비워 달라던 집을 그 집사님의 이름으로 명의 변경해 주겠다"라고 했다는 겁니다. 그 후 딸은 사위가 와서 다시 살겠다고 데리고 돌아갔습니다. 그 후 1년이 다 되어 올 무렵에 그 집사님은 딸과 함께 큰 식당을 경영하는 사장이 되어 완전히 새로운 삶을 살게 되었습니다.

지금도 그 집사님은 감사기도만 한다고 합니다. 얼굴이 그렇게 밝아 질 수가 없고, 마음도 평안하고, 언제나 기쁘고, 감사하는 생활을 한다고 합니다. 완전히 새로운 사람이 되었습니다.

감사의 마음을 가지고 진실하게 감사하는 신앙을 회복해야 합니다. 그러기 위해 언제나 감사하는 기도가 있어야 합니다. 달라고만 하는 기도가 아니라, 이미 모든 것을 다 나에게 주신 하나님의 은혜를 생각하며, 주신 것에 대하여 감사하는 기도를 하는 겁니다.

진실한 감사 생활은 입술로만 감사하다고 하는 것이 아닙니다. 그것은 초보적인 감사생활입니다. 초보적인 단계의 감사생활로는 새로워 질 수 없습니다. 참으로 하나님이 받으시는 진실한 감사 생활, 보다 실제적이고 구체적인 생활에서의 감사가 몸에서 나오도록 해야 합니다.

감사하다고 시인했으니 이제는 감사한 것을 다른 사람과 나누어야 합니다. 그래야 진실한 감사생활입니다. 진실한 감사생활은 주는 생활에 있습니다. 진실한 감사생활에는 반드시 감사열매가 맺힙니다.

역사 속에서 인류의 문명을 빛낸 사람들은 모두가 이와 같이 주는 삶을 통하여 감사하였던 사람들이었음을 발견하게 됩니다. 그래서 바울 사도도 사도행전 20장 35절에서 예수님께서 하신 말씀을 인용하기를 "주는 것이 받는 것 보다 복이 있다"라고 했습니다.

예수님부터 시작하여 수많은 사도들, 교회를 바르게 이끌어 갔던 개혁
자들, 아프리카 가봉에서 헌신한 알버트 슈바이쩌 박사, 우리나라 손양원
목사님을 이어 내려 온 진실한 감사생활의 전통을 우리들이 이어 받아야
합니다. 반드시 모두가 다윗처럼 하나님 앞에서 복을 받고 우리의 가정이
영원히 복을 받아야 합니다.

7. 감사는 분명한 이유가 있습니다 I

(요한복음 15:14-16)

세상에는 감사할 이유가 없는 사람은 아무도 없습니다. 왜냐하면 깊이 생각하면 모든 것이 감사할 이유들뿐이기 때문입니다. 그래서 '감사한다' 는 영어 'Thank'란 말은 '생각한다'는 Think란 말과 같은 뿌리를 가지고 있습니다.

실제로 우리가 일상생활에서 생각 없이 무심코 지나가면 감사할 것이 아무것도 없습니다. 그러나 조용히 되돌아 생각해 보면 모든 것이 감사할 이유뿐임을 알 수 있습니다.

어떤 사람은 말합니다. "나는 아무리 생각해 봐도 감사할 이유를 발견할 수 없습니다. 내게는 모든 것이 원망스럽고, 불만스러운 것 밖에 없습니다. 나는 늘 어려운 생활을 해 왔고, 육체의 괴로움은 물론이고 마음고생까지 하면서 지금까지 살아왔습니다. 나는 하는 일들 마다 실패하고, 되는 일이라고는 하나도 없으니 어떻게 감사할 수 있습니까? 그래서 생각하면 생각할수록 불평스럽고, 원망스럽습니다"라고 말하는 사람이 있습니다.

그러나 그 어떤 환경이나 사람이 삶을 불행하게 한 것이 아니라, 나의 불평과 원망이 나를 불행하게 만드는 것입니다.

행복과 불행이란 동전의 양면과 같은 것입니다. 감사와 원망도 동전의 양면과 같습니다. 이 두 가지는 언제나 같이 붙어 다니는 것입니다. 행복 따로, 불행 따로 있는 게 아닙니다. 감사 따로, 원망 따로 있는 게 아닙니다.

다만 어떻게 받아들이느냐에 따라서 행복하기도 하고 불행하기도 합니다. 감사하기도 하고 불평과 원망이 나오기도 하는 것입니다. 우리가 같은 일이라도 감사하면 감사한 일이 되고 행복으로 이어집니다. 그러나 불평하고 원망하면 불행해 지는 것입니다.

그러므로 감사의 이유를 찾아서 감사하는 생활을 한다는 것이 얼마나 인생에서 중요한 것인가를 굳이 설명하지 않더라도 알 수 있습니다.

오래전 싱가포르에서 유대인 랍비인데 예수를 믿고 훌륭한 목사이자 신학자가 된 분을 만난 적이 있습니다. 그의 이름은 리베르만입니다. 이제는 은퇴하신지 오래 되었습니다만, 여전히 많은 후배들에게 존경을 받는 분입니다. 그분이 예수를 믿게 된 것은 아주 단순한 동기에서 출발되었습니다.

한번은 어느 자선 모임에 나갔습니다. 한 참 분위기가 무르익어 가고 있을 때, 스피커를 통하여 사회자가 한 아름다운 아가씨를 소개했습니다. 조용한 분위기의 미모를 가진 아가씨는 인사를 하고는 피아노 앞으로 가서 열심히 연주를 했습니다. 모든 사람들이 숨을 죽이고 그녀의 영감이 넘치는 연주를 들었습니다. 굉장한 연주에 모든 사람들이 앵콜을 부르면서 박수를 보냈습니다.

그런데 사회자가 연주한 그 아가씨를 소개하기를 "이 피아니스트는 앞을 보지 못하는 사람입니다"라고 했습니다. 사람들은 세 번 놀랐다고 합니다. 첫째는 미모에 놀라고, 둘째는 피아노 연주를 듣고 놀라고, 세 번째는 눈먼 장님이란 소리에 놀랐습니다.

이어서 아가씨가 마이크를 잡고 인사를 합니다. "저는 나면서부터 앞을 보지 못했습니다. 저는 사람의 얼굴이 어떻게 생겼는지를 알 지 못합니다. 세상의 모습이 어떤지도 알 수 없습니다. 그러나 비록 앞은 보지 못하지만, 들을 수 있고, 손을 움직일 수 있게 해 주신 하나님께 감사합니다. 세상은 볼 수 없지만 하나님의 손길은 느낄 수 있어서 감사합니다"라고 하면서 하나님께 영광을 돌렸다고 합니다.

그 아가씨는 앞을 보지 못한다는 자신의 신체적 조건으로 오히려 그의 영혼을 맑고 깨끗하게 해서 하나님을 찬양하는 감사와 행복한 삶으로 만들었습니다.

이 말을 들은 리베르만 박사는 지금까지 랍비로서 살아온 자신의 신앙적인 삶과 생활이 위선에 가득 찬 것임을 깨달았습니다. 그래서 바로 그 아가씨를 만나서 이야기를 하는 중에 예수님을 소개 받고, 참된 생명의 삶을 살게 하는 예수님을 믿기로 작정하고 기독교로 개종을 했다고 합니다.

이 아가씨는 불행의 조건에도 감사함으로 기쁨에 넘치는 삶을 살았고, 그녀의 감사의 삶은 다른 사람에게도 기쁨과 감사의 삶을 살도록 깊은 영향을 주었던 것입니다.

감사의 이유를 찾아서 감사하는 삶이란 이토록 자신에게도, 이웃에게도 기쁨과 행복을 가져다주는 좋은 것입니다.

그래서 감사한다는 헬라말 '유카리스티아'(εύχαριστία)란 말에는 '기쁨'이란 뜻도 있는 것입니다. 감사한다고 하면서 기쁨이 없으면 그것은 진정한 감사가 아닌 것입니다. 감사의 생활 속에 기쁨이 있고 행복이 있습니다. 이것을 기억하고 감사의 생활에 더욱 힘써야 합니다. 감사가 있으면 천국이요, 감사가 없고 불평만 있으면 그 자체가 지옥인 것입니다.

로마서 8장 35-36절에서 바울 사도의 말은 감사의 삶에 대한 깊은 영감을 줍니다.

"누가 우리를 그리스도의 사랑에서 끊으리요 환란이나 곤고나 핍박이나 기근이나 적신이나 위험이나 칼이랴 내가 확신하노니 사망이나 생명이나 천사들이나 권세자들이나 현재 일이나 장래일이나 능력이나 높음이나 깊음이나 다른 아무 피조물이라도 우리 주 예수 안에 있는 하나님의 사랑에서 우리를 끊을 수 없으리라."

성도들의 삶에도 여러 가지 고통스러운 상황이 있음을 말하고 있습니다. 그러나 하나님의 자녀에게는 결코 이러한 고통과 절망의 상황이 원망이나 불평의 조건이 될 수 없다는 것을 말합니다.

왜 이러한 것들이 우리를 넘어뜨릴 수 없고 우리를 불행하게 만들 수 없습니까?

요한복음 15장 16절에서 예수님께서 분명하게 *"너희가 나를 택한 것이 아니요, 내가 너희를 택하여 세웠다"*라고 말씀하십니다. 예수님께서 우리를 택하여나를 나 되게 하신 것입니다. 예수님께서 우리를 세우셔서 세상에 살게 해 주셨습니다. 예수님께서 우리 모든 인생들의 앉고 일어섬을 아시며, 출생에서 부터 죽기까지 일생을 아시고, 섭리하시면서, 이 믿음의 길로 인도해 주셨습니다. 우리의 시종을 아름답게 하시려고 주께서 우리를 택하신 것입니다.

그러므로 누가 우리를 예수님에게서 끊어낼 수 있습니까? 어느 누가, 그 무엇이 우리를 기쁨과 평강의 행복한 삶에서 분리시킬 수 있겠습니까?

세상의 그 어떤 것도, 그 누구도 예수 안에서 누릴 수 있는 기쁨의 삶에서 끊어낼 수 없습니다. 그러므로 우리는 언제나 행복할 수 있고 감사하는 삶을 살 수 밖에 없습니다.

"예수님께서 나를 택하여 세우셨다"는 선언보다 더 귀한 선언은 없습니다. 우리 모두는 예수님께서 택하여 세우신 주의 복된 자녀된 것을 확실히 믿어야 합니다. 이것을 진정으로 믿는다면 언제나 감사할 뿐입니다.

돈이 많아서 감사하겠습니까? 돈 때문에 불행하게 사는 사람이 얼마나 많습니까? 건강해서 감사하겠습니까? 건강함을 믿고 살다가 불행해진 사람도 많습니다. 명예나 권력으로 감사하겠습니까? 그것도 덧없는 것이요, 인간을 가장 비참하게 만드는 것입니다.

대통령을 지냈던 노태우 씨에 대한 뉴스를 본적이 있습니다. 노태우 씨가 한참 때 거쳤던 직함이 굉장했습니다. 육군대장에, 내무부장관부터 몇몇 장관의 자리를 거치고, 1988년 서울 올림픽 개최 위원장에서 결국은 대통령으로서 국내외적으로 굉장한 명예와 권력을 가지고 있었습니다. 하지만 그는 구치소에 수감되었습니다. 그 때 조서를 꾸미는데, 직업난에 '무직'이라고 했습니다.

제가 그걸 보고, '아! 권력무상, 인생무상이구나. 그 많던 화려한 직함은 다 어디 가고, 불과 몇 년 사이에 무직자가 되었나'라고 생각했습니다.

예수님을 믿는 사람의 직업은 영원합니다. '예수꾼'이라는 직업은 언제까지나 폐하여 지지 않습니다. 언제까지나 떨어지지 않습니다. 이것만으로도 우리는 영원히 감사할 수 있습니다.

우리가 무엇으로 감사하겠습니까? 적신이나 위험이나 칼이나 죽음이나 그 어떤 상황에서도 감사할 이유가 무엇입니까? "주께서 나를 택하여 세우셨다"는 것, 바로 이것만으로도 우리는 충분히 감사할 이유를 찾을 수 있습니다.

주께서 나를 택하여 세우셨다는 것이 무엇을 의미하기에 그토록 감사의 이유가 됩니까?

첫째, 승리하게 하시고 이기게 하신다는 뜻입니다.

우리 하나님은 어떤 하나님입니까? 우리 하나님은 승리케 하시는 하나님입니다. 우리를 택하여 세우신 예수님은 어떤 분입니까? 예수님은 사망권세까지 이기신 분이시고, 죽은 자도 살리시는 능력의 주님이십니다. 그 주님께서 우리를 택하셨으니 우리도 넉넉히 세상을 이기고 승리할 수 있게 하시는 것입니다.

바울은 고린도전서 15장 57절에서 *"예수 그리스도를 통하여 우리에게 승리를 주시는 하나님께 감사한다"*라고 했습니다. 주께서 우리를 택하시고 우리에게 승리를 주시고 이기게 하셨으니 언제나 이 믿음 붙들고 감사하는 삶이 되어야 합니다.

둘째로, 주께서 나를 택하여 세우셨다는 것은 "과실을 많이 맺게 하고 그 과실이 항상 있게 하시겠다"라는 뜻입니다.

우리가 세상을 살아갈 때 아무리 노력해도 열매를 맺지 못하게 될 때가 얼마나 많습니까? 설령 열매를 맺었다 해도 그 열매가 항상 있지 못하기가 쉽습니다. 그런데 주께서는 우리를 택하여 세우셔서 과실을 많이 맺게 하고, 또 항상 그 과실이 있도록 하시려는 것입니다. 누구든지 주님께만 있으면 이러한 풍족하고 넉넉한 삶을 누릴 수 있는 것입니다. 이것 역시도 감사할 이유인 것입니다.

사람들이 왜 언제나 풍성한 열매를 맺지 못합니까? 아무리 애쓰고 수고해도 항상 넉넉하지 못합니까? 이유는 주님을 떠나서 살기 때문입니다. 그래서 요한복음 15장 5절에서 예수님은 "내가 너희 안에, 너희가 내안에 있으면, 너희가 많은 열매를 맺는다. 그러나 나를 떠나서는 너희가 아무 것도 할 수 없다"라고 하신 것입니다.

예수님께서 택하여 세우셨음은 곧 많은 열매를 맺고 항상 그 열매를 소유하며 살게 해 주시고자 함임을 기억하고, 주께서 택하여 주신 은혜를 생각하며 감사하는 성도가 되어야 합니다.

셋째로, 주께서 나를 택하여 세우셨다함은 무엇이든지 주의 이름으로 구하는 것은 다 얻게 해 주시겠다는 뜻입니다.

우리에게 이 말씀보다 더 확실하고 큰 감사의 조건은 없습니다. 이 주님의 말씀과 약속을 믿고 감사하면 천국의 삶을 살 수 있습니다. 그러나 이 말씀을 믿지 못하고 감사하지 못하면 천국의 삶과는 거리가 멀어집니다.

사람들은 대체로 너무나도 확실하고 분명하고 당연하면 그만 감사하지 않게 됩니다. 공기를 공짜로 마시면서도 감사하지 않습니다. 그와 같이 매일 새 옷을 입게 해 주고, 따뜻한 밥을 먹게 해 주고, 세심하게 배려해 주는 아내의 손길을 감사하지 않습니다. 이른 아침부터 밖에 나가서 하루 종일 고생하여 남편이 벌어 온 생활비를 받고서도 지극히 당연한 것으로 여기며 감사하지 않습니다. 오히려 더 가져와야 하는데, 너무 적게 가져왔다고 불평하기가 쉽습니다.

이러한 것들을 당연한 것으로 여기며 감사하지 않고 살면 결국 창조주 하나님을 알면서도 하나님께 감사하지 않고 사는 타락한 인간의 모습과 별로 다를 것이 없습니다.

비록 매일 표현은 하지 않아도 늘 감사의 마음을 가지고 사는 것이야말로 참된 인간의 모습입니다. 여기에서 행복한 삶이 시작되는 것입니다.

우리가 예수 안에 있으면서 구하는 것은 무엇이든지 주신다고 하셨습니다. 주님께서 이러한 특권과 권세를 주신 것에 감사하고 사는 삶이야말로 지극히 당연한 인간의 참된 모습일 것입니다. 그러므로 우리에게 이러한 은혜를 베푸신 예수님의 택하심과 불러주심에 먼저 감사하는 삶을 살아야 합니다.

항상 감사합시다. 범사에 감사합시다. 감사의 생활은 하나님 자녀의 마땅한 삶입니다.

감사는 입술로만 하는 것이 아님을 알아야 합니다. 입술로 감사, 찬양함은 물론이거니와 감사는 마음을 드리는 생활에서 그 진가가 나타나는 것입니다.

시편 50편 14-15절에서 시인은 *"사람이 하나님께 바칠 제물은 감사하는 마음"*이라고 했습니다. 인간이 이렇게 감사의 마음을 하나님께 제물삼아 바칠 때, 하나님은 우리들을 건지시고, 구원하십니다. 그리고 우리들은 하나님을 영화롭게 할 수 있습니다.

감사함으로 우리의 삶이 복되고, 감사함으로 하나님을 영화롭게 하는 참으로 복 있는 성도가 되시기를 바랍니다.

8. 감사는 분명한 이유가 있습니다 II

(시편136:1-26)

어떤 여 집사님께서 이혼을 하고 첫 번째로 맞는 감사절이 되었습니다. 그녀는 이혼을 함으로 삶의 많은 부분을 잃어버렸습니다. 남편도, 아이들도 잃었습니다. 물질도 잃었습니다. 무엇보다도 젊고 아름다운 외모도 잃어버렸습니다. 어떻게 생각해 보면 여자로서는 참으로 세상에서 제일 불쌍하고 비참한 인생이 된 것같이 느껴집니다.

그런 중에 감사절이 되었습니다. '내가 하나님께 무슨 이유로 감사할까'하고 곰곰이 생각을 했습니다. 그랬더니 두 가지 감사의 조건이 있음을 발견했습니다.

첫째는 인생길에서 만난 실패와 가난이라는 고통을 통하여 자기의 신앙이 더욱 하나님께로 가까이 나가게 되었고, 지금까지는 신앙생활이 막연했지만 이제는 고난을 통하여 구체적이고 실제적인 신앙인이 되었다는 것입니다.

두 번째는 자기의 인생이 이렇게 비참하게 되었지만 다른 사람을 미워하거나 저주하지 않고 오히려 더욱 겸손하여 져서 세상 사람들을 따뜻한 눈으로 볼 수 있게 되었다는 것입니다. 그것이 감사했습니다.

감사할 이유는 찾아보고 생각해보면 얼마든지 많습니다. 내가 아무리 감당할 수 없는 어려움을 당하고 질병에 걸려서 고통을 당해도 감사할 이유를 찾아보면 감사할 것이 있습니다.

오래 전에 어느 성도가 오랫동안 병상에서 고생하다가 돌아가신 아버지 장례를 치르면서 한 말입니다. "목사님, 저의 아버지께서 돌아가셨지만 저는 참으로 감사하고 있습니다."

그래서 저는 속으로 생각하기를 '아버지가 오랫동안 병상에 계시다가 치료비를 많이 썼는데, 이제 돌아가시니 치료비가 더 이상 들지 않아서 감사하다는 말인가?'라고 생각을 하고 있는데, 하는 말이 "아버지께서 병으로 고생하시고 어려움을 많이 겪으셨지만 그래도 예수님을 믿고 돌아가셨으니 틀림없이 천국에 가시고, 또 예수 부활하신 것처럼 부활하시게 되니, 그 보다 더 감사할 일이 어디 있겠습니까"라고 했습니다.

감사하는 사람에게는 그 어떤 역경이나 고난도 물질의 궁핍도 삶에 아무런 방해를 주지 못합니다.

우리가 세상에 살면서 감사할 일이 많습니다. 이 세상에 그렇게 많고 흔한 종교와 사상과 철학과 지식이 있는데 그중에서도 어떻게 예수님을 믿게 되었는지, 감사한 일이 아닐 수 없습니다.

수많은 사람가운데 다른 사람이 아니라 바로 '나'로 하여금 예수 믿는 신앙을 갖게 하셨는지 참으로 감사한 일이고, 예수 믿으므로 죄 사함 받고 구원 얻어 영생을 소유하게 되었으니, 그 또한 감사하지 않을 수 없습니다.

본문 말씀에서 하나님께서는 시인을 통하여 "여호와께 감사하라. 그는 선하시며 그 인자하심이 영원함이로다"(1절)라고 선언합니다. 여호와의 선하심과 인자하심이야말로 우리 인생들이 영원토록 하나님께 감사해야 할 완벽한 조건이요, 이유가 되는 것입니다.

만약에 하나님께서 선하지 못하고 악하며, 인자함이 없고 무자비하다면, 우리 인간들이 어떻게 되겠습니까? 우리는 언제까지나 두려움과 공포 속에서 살아야 할 것입니다. 그러면 기쁨은 사라지고 소망도 없이 불안과 걱정과 근심뿐인 비참한 인생이 될 것 입니다.

우리 주변에서 하나님을 알지 못하고 우상을 숭배하는 사람들을 보면 그들은 대부분이 두려움, 불안, 걱정, 염려 속에서 살고 있습니다. 우상들은 근본적으로 공포와 두려움 때문에 생긴 것입니다. 잘 섬기지 않으면 해코지를 하고 재앙을 준다고 생각하기 때문에 우상을 숭배합니다. 그러니 그런 사람들에게는 기쁨이나 평안함이 있을 수 없습니다. 언제나 불안합니다.

결국 우리 사람들은 하나님의 선하심이 없으면 한시도 살 수 없습니다. 하나님의 인자하심이 없으면 우리들은 두려움과 공포로 인하여 살 수 없습니다. 우리가 엄청난 죄 가운데서도 살 수 있는 것은 전적으로 하나님의 인자하심과 선하심 때문입니다.

그러므로 우리는 하나님의 선하심과 인자하심으로 인한 은혜에 감사해야 합니다(고후 9:15).

본문에서는 여호와의 선하심이 세상 만물을 만들었고 그 만물을 선하고 보기 좋게 하셨다고 했습니다(1-9절). 창세기 1장에서 하나님께서도 만물을 창조하시고 "보기에 좋았다"라고 하시며 기뻐하셨습니다. 그러므로 선하신 하나님께서 만드신 만물은 "우리가 감사함으로 받으면 버릴 것이 하나도 없다고" 한 사도 바울의 권면은 틀림이 없습니다(딤전 4:4).

여호와의 선하심과 인자하심이 이스라엘을 하나님의 백성으로 택하시고, 애굽의 바로에게서 건지시고, 홍해바다를 갈라서 건너게 하시고, 광야 길을 지나 거할 땅으로 인도하시며 섭리하셔서 구원의 은혜를 베푸셨다고 했습니다(10-20절).

여호와의 선하심과 인자하심이 범죄와 타락으로 하나님께서 만드신 모든 선한 것을 잘못되게 한 인간을 그냥 버려두지 않고 죄 사함 얻게 하시고 구원의 은혜를 가지고 살게 하신 것입니다. 그러니 얼마나 감사할 일입니까?

우리가 몸이 건강하다 해도 예수님을 알지 못하고 하나님의 구원의 은혜를 소유하지 못하고 살다가 지옥 간다면 그 건강이 무슨 유익이 있으며 얼마나 불쌍한 사람입니까? 내게 아무리 돈이 많아도 그 돈 때문에 하나님을 모른다 하고 하나님과는 아무런 상관이 없는 사람으로 살며 세상 쾌락 따라 살다가 죽어서 지옥 간다면 그 재물이 무슨 유익이 있으며, 얼마나 어리석고 불쌍한 인생이 됩니까?

그러나 지금 이 순간에도, 고통스러운 질병에서도 하나님께서 영원한 생명을 보장해 주셨음을 믿고, 구원의 은혜를 베풀어 주신 하나님께 감사하며 사는 사람들이 있습니다. 그 사람은 참으로 행복한 사람입니다.

비록 가난한 살림을 살면서 궁핍한 가운데 있지만 하나님 주신 구원의 은혜를 감사하면서 오히려 더 어려운 이웃을 도우며 사는 사람들이 있습니다. 감사할 이유를 발견하고 하나님께 감사하는 자는 정말 복 있는 사람입니다.

그 다음으로 사람이 감사할 이유는 여호와의 선하심과 인자하심으로 인하여 하나님께서 그의 백성들에게 필요를 채우시면서 날마다 호흡하며 만족한 가운데 살아 갈 수 있는 은혜를 주셨다는 것입니다.

본문 21절에 "땅을 기업으로 주신 선하신 하나님께 감사하라"고 했습니다. 23절에서는 "비천한 노예상태에 있을 때도 잊지 아니하시고, 아브라함에게 약속한 것을 기억하시고 건져주시고 높이시고 복 주신 하나님의 선하심에 감사하라"고 했습니다. 25절에서는 "모든 육체에게 식물을 주시는 선하시고 인자하신 하나님께 감사하라"고 했습니다.

하나님께서는 오늘도 우리들에게 필요를 채우시면서 세상을 살아 갈 수 있도록 인도하십니다. 그래서 우리의 하루하루가 언제나 주안에서 만족할 수 있도록 하셨습니다. 주께서 선하심과 인자하심으로 내게 채우셔서 날마다 악에게 지지 않고 승리하게 하시니 이것이 어찌 감사의 조건이 아니겠습니까?

죽음이란 것은 그 누구도 예측할 수 없는 일입니다. 아침에 "잘 갔다 오겠다"고 말하고 집을 나간 남편인데, 조금 후에 병원에서 연락오기를 "여기는 어느 병원인데 아무개 씨 집입니까? 오늘 아침 교통사고로 운명하셨습니다"라고 말할 수 있습니다. 우리는 아무도 우리의 생명에 대해서 예측을 할 수 없습니다.

이런 예측불허의 상황 속에서 우리가 호흡을 하고 산다는 것 자체가 나를 향하신 하나님의 선하심과 인자하심의 결과요, 이것이야 말로 감사할 이유입니다.

얼마 전 통계에, 지구상에 사는 사람들 가운데 하루에 죽는 사람 수가 약 30만 명에 이른다고 합니다. 어떤 사람은 병으로 죽고, 어떤 사람은 굶어서 죽고, 어떤 사람은 교통사고로 죽습니다.

이렇게 하루에도 30만 명이나 죽어 가는데 그중에서 내가 오늘 또 하루를 살 수 있다는 것은 참으로 감사한 일이 아닐 수 없습니다. 더 살아서 더 귀한 일을 많이 할 수 있는데, 그만 안타깝게도 죽어버린 사람이 얼마나 많습니까?

그런데 나 같이 죄 많은 사람, 정말 하나님 앞에 전혀 쓸모없는 사람을 오늘도 살게 하심은 하나님의 인자하심이 아니면 도저히 불가능한 일입니다.

우리가 또 감사해야 할 이유는 여호와의 선하심과 인자하심이 "영원하다"는 것입니다.

만일 하나님께서 우리에게 베푸신 구원의 은혜가 오늘까지만 유효하다면, 그 얼마나 애석한 일이겠습니까? 주께서 내게 주신 생명이 앞으로 일주일만 유효하다고 한다면 그 얼마나 불안하겠습니까?

곤충가운데 하루살이란 곤충이 있습니다. 그 곤충은 하루밖에 살지 못합니다. 하루밖에 못사니까 그 곤충에게는 내일이 없습니다. 내일을 알고, 한 달 후를 알고, 1년을 아는 우리들이 볼 때 그 하루살이는 참으로 불쌍합니다.

마찬가지로 영원한 생명이 있는데, 세상에는 80년, 90년 살다가 죽으면 그 다음에는 끝이라고 생각하고 영원을 모르고 사는 인생들을 보면 참으로 불쌍하기 짝이 없습니다.

하나님께서 내게 베푸신 능력과 은사가 영원합니다. 하나님께서 내게 주신 축복과 약속이 영원합니다. 하나님께서 우리를 향하여 허락하신 모든 은혜는 그의 선하심과 인자하심이 영원한 것 같이 영원한 것입니다. 이것이 감사한 것입니다.

영원하다는 말은 변함이 없다는 말입니다. 하나님의 선하심과 인자하심이 영원함은 그 선하심과 인자하심이 언제까지나 변함이 없다는 말입니다. 시간이 지났다고 결코 달라지지 않습니다. 그렇기 때문에 언제까지나 인간들이 믿고 신뢰하고 맡길 수 있는 것입니다.

영원하다는 말은 다함이 없다는 말입니다. 부족하거나 결핍되는 일이 없다는 말입니다. 수원지의 물은 극심한 가뭄이 오면 바닥이 드러날지라도 여호와의 선하심은 결코 바닥을 드러내지 않습니다. 은행의 돈은 불경기가 오면 바닥이 드러납니다. 그러나 하나님의 인자하심은 다함이 없습니다. 아무리 퍼내고 퍼내도 계속해서 나오는 샘물과 같습니다.

여호와의 선하심과 인자하심이 영원하다는 말은 그 선함과 인자하심이 언제까지나 지속된다는 말입니다. 결코 영원 앞에서는 중단되는 법이 없습니다. 항상 같은 강도와 질량으로 우리를 향하여 역사하십니다.

이렇게 변함이 없고, 다함이 없고, 지속적인 여호와의 선하심과 인자하심은 우리들로 하여금 하나님께 감사해야 할 분명한 이유가 됩니다.

한 가지를 덧붙인다면, 우리의 감사가 단순히 제물을 드림으로 끝나서는 안 된다는 것입니다. 제물을 드림은 감사의 마음을 전하는 것이고, 더 중요한 것은 그 일로 인하여 더욱 하나님을 진실하게 믿으며, 하나님 말씀에 순종하고 살 것을 결단하고, 나아가서는 하나님께서 이루신 놀라운 은혜들, 감사의 내용들을 사람들에게 증거하고 전하는 것입니다. 그래서 모든 사람들로 하나님을 찬양하고 감사하게 하라는 것입니다.

시편 40편 6절에 보면, "하나님께서는 제사와 예물을 기뻐아니하시고 번제와 속죄제를 요구하지 않는다"라고 했습니다. 그러면서 8절에서 "하나님께서는 주의 뜻 행하기를 즐기고, 많은 사람들이 모인 곳에서 의의 기쁜 소식을 전하고 주의 은혜를 증거 하기를 기뻐하신다"라고 하였습니다.

하나님께서 선하심과 인자하심으로 은혜를 베푸신 것은 단순히 나만 좋으라고 하신 것은 아닙니다. 그 일을 통하여 하나님도 기뻐하시고, 나아가서는 그 은혜를 듣는 모든 자들에게도 같은 기쁨을 주시려고 하는 것입니다. 그래서 감사를 전하면 더욱 큰 감사가 눈 덩이처럼 불어나는 것입니다.

　저는 아주 특이하게 감사 생활하는 집사님을 보았습니다. 그 분은 주일마다 감사헌금을 드립니다. 그리고 그 분은 감사헌금을 하나님께 드리는 만큼, 그 금액으로 주중에 어려움을 만난 사람, 궁핍가운데 있는 사람, 도움이 필요한 사람에게 도움을 주며, 쌀을 사가지고 가서 도우며, 자기가 받은 은혜를 전하고 감사한 조건들을 증거합니다. 그래서 그들에게 감사의 삶을 찾게 합니다.

　이렇게 하니까 하나님께서 더욱 큰 복을 주시고, 감사의 이유가 날마다 넘치게 하시고, 그로 인하여 많은 사람들이 감사생활을 하게 되었습니다.

　우리는 생활 속에서 경험하게 되는 주의 은혜들을 물질을 드림으로만 끝내지 말고, 그 은혜를 다른 사람에게 전하고 증거함으로 주의 선하심과 인자하심을 모든 자들에게도 전하고, 그래서 더욱 풍성한 주의 도우심과 감사의 은혜가 넘치는 삶을 경험하기 바랍니다.

9. 감사는 크고 깊어야 합니다

(사무엘상 2:1-10)

추수감사절에 있었던 '믿거나 말거나' 하는 해프닝입니다. 미국 어느 아름다운 바닷가에 아름다운 기도원이 하나 있었습니다. 그 기도원 아래 바닷가에는 '푸른 에덴'(Eden Green)이라는 나체주의자들이 모여 생활하는 캠프장이 있었습니다. 그 곳은 철저하게 입구를 지키면서 거기에 들어오는 사람들은 모두 옷을 벗고 들어오도록 합니다. 전기를 고치러 오는 사람도, 청소하러 오는 사람도, 우편배달부도 그 안에 들어오려면 옷을 벗고 들어 와야 합니다.

이 나체촌이 기도원 바로 아래 있기 때문에, 기도원에서 집회하는 소리가 그대로 나체주의자들에게 들립니다. 찬송소리, 설교소리 그대로 다 들려옵니다.

어느 해 추수감사절이 다가왔습니다. 나체촌에 회의가 열렸습니다. "우리도 금년 추수감사절에는 목사님을 모셔다가 귀한 말씀을 듣고 하나님께 감사예배를 드립시다"라는 누군가의 제안에 한참 갑론을박이 벌어졌습니다. 그러다가 목사님을 모시고 예배드리고 은혜도 받자는 것으로 뜻을 모았습니다.

그래서 기도원에 있는 목사님에게 "저희들이 금년 추수감사절 날에 감사예배를 하나님께 드리고자 합니다. 목사님께서 오셔서 예배를 인도해 주십시오"라고 정식으로 연락을 했습니다.

나체촌 사람들에게서 연락을 받은 목사님이 고민이 생겼습니다. '저 사람들에게 가야 하나, 말아야 하나? 비록 벗고 사는 영혼이지만, 저들도 구원을 받아야 할 영혼들이 아닌가? 아골 골짝 빈들에도 복음 들고 가리다 했으니, 가기는 가야겠는데, 간다면 옷을 입고 가야 하나, 저들처럼 벗고 가야 하나? 그리고 나만 가나, 아니면 성가대원들을 데리고 가야 하나? 간다면 성가대원들이 과연 얼마나 동참할까'라는 고민 끝에 목사님이 교인들을 모아놓고 의견을 들었습니다. 그런데 놀랍게도 성도들은 이미 목사님 보다는 상당히 개방적이라, 많은 사람들이 찬성을 했습니다.

"로마에 가면 로마의 법을 따라야지"하고, 일제히 옷을 벗고 그들에게 가서 예배를 드리자고 결정했습니다. 목사님께서는 간절히 기도로 준비했습니다. 드디어 추수감사절 아침이 되었습니다. 찬양 팀과 목사님은 단단히 마음을 먹고 나체촌에 예배드리러 갔습니다. 인도자의 인도를 따라 예배장소에 갔습니다. 사회자가 목사님과 찬양 팀들을 소개했습니다. 일제히 할렐루야를 외치면서 열광적으로 환영하고 박수를 했습니다.

그런데 놀라운 일이 벌어졌습니다. 거기 모인 나체주의자들이 남자들은 신사복에 넥타이를 하고, 여자들은 아름다운 드레스를 입고, 정장을 하고 있었던 것입니다. 그들 생각에는 그래도 이날만은 정장을 하고, 하나님 앞에 경건하게 예배를 드리자고 결정을 한 것입니다.

그날 목사님이 준비하고 간 설교 제목은 창세기 2장 25절 말씀을 따서 "벌거벗었으나 부끄럽지 아니하니라"였다고 합니다.

자유분방한 삶을 사는 사람이라도 추수감사절이 되면 하나님의 은혜를 생각하면서, 감사의 자세를 갖는 것이 미국 사람들의 정서임을 말해 주는 내용입니다.

실제로 추수감사절은 미국으로 처음 이주해 온 청교도들에 의해서 시작된 이후로 우리나라의 추석과 같이 미국에서는 국가적으로 큰 명절로 지킵니다. 추수감사절이 되면 집집마다 칠면조 요리를 하고 푸짐한 음식을 준비합니다. 멀리 떨어져서 살고 있는 가족들이 다 한 자리에 모입니다. 그리고 지금까지 지켜 주신 하나님의 은혜에 감사하면서 하나님께 영광을 돌립니다.

그리고 어려운 이웃들을 찾아가 함께 시간을 가지면서 하나님께서 주신 감사의 내용을 나눕니다. 이것이 추수감사절의 모습입니다. 추수감사절은 우리 인간들로 하여금 마땅히 하나님 앞에 감사하는 삶을 살도록 새롭게 결단하도록 하는 중요한 절기가 되었습니다.

감사하는 삶은 참된 인간의 모습입니다. 하나님 앞에 감사하지 못하는 인간은 짐승과 같습니다.

미국에 한 무신론자가 자기가 무신론자임을 아주 자랑스럽게 여기면서 살았습니다. 그렇게 하는 것이 아주 잘 배운 지성인이요, 현대인이라고 생각한 것입니다. 그러면서 하나님을 믿는 사람을 무식한 사람, 덜 깨친 미개인 정도로 무시하면서 살았습니다.

그런데 그 사람의 이웃에 아주 경건한 청교도인 농부가 살고 있었습니다. 하루는 이 무신론자가 경건한 이웃 농부를 저녁식사에 청하였습니다. 초청을 받은 청교도는 식사 전에 정중하게 "하나님께 감사기도를 하자"고 무신론자에게 말했습니다. 그러자 그 무신론자는 정색을 하면서, "그건 18세기 무식한 사람들이나 하는 낡은 유물 아닙니까? 나는 무신론자입니다"라고 대답을 하였습니다.

청교도 농부는 혼자 기도를 하고 식사를 하면서 무신론자에게 "우리 집에도 당신 같은 식구가 하나 있습니다"라고 말했습니다. 무신론자는 그 말을 듣고 반가운지, "그게 누굽니까? 혹시 대학에 다닌다는 그 아들입니까?"라고 반문 합니다.

무신론자 생각에는 그래도 이 농부 집에서 배운 지성인은 대학에 다닌다는 아들뿐이라고 생각을 한 것입니다. 청교도 농부가 대답을 했습니다. "하나님께 감사도 하지 않고 먹는 그 식구는 우리 집에 있는 돼지입니다."

작은 것이라도 감사할 줄 모르는 존재는 돼지와 같습니다. 이성이 있는 인간이라고 한다면 마땅히 감사하는 마음을 가져야 하는 것입니다. 누가 지성인입니까? 내가 먹고, 호흡하고, 살고 있는 것이 다 하나님의 은혜임을 알고 하나님 앞에 감사하는 인간이 지성인입니다.

하나님께서 말씀하시기를 "너희는 농사를 지어 첫 열매를 거두거든 여호와께 드리라"(민 15:17-21)고 했습니다. 하나님의 은혜를 알고 하나님께 감사하면서 살라는 말입니다.

감사하는 행위는 마치 벽에다가 공을 던지는 것과 같은 것입니다. 벽에다가 공을 던지면 그 공은 다시 자기에게로 튕겨서 돌아옵니다. 그와 같이 감사하는 행위에는 반드시 그 감사의 강도만큼 다시 내게로 감사의 조건으로 돌아오게 되는 것입니다. 크게 감사하면 큰 감사의 조건으로 돌아옵니다. 깊이 감사하면 깊은 감사의 조건으로 돌아옵니다. 어려운 가운데서도 감사하면 형통함으로 내게로 돌아옵니다.

그러면 우리가 어떻게 하나님께 깊은 감사, 큰 감사를 드릴 수 있습니까? 본문의 한나를 통하여 그 방법을 배울 수 있습니다.

본문은 '한나의 감사 찬송'이라고 일컬어지는 말씀입니다. 한나는 결혼하여 행복한 가정을 이루고 살았습니다. 그러나 오랜 시간이 지나도록 아이를 낳지 못했습니다. 당시 이스라엘의 풍습에는 여자가 결혼하여 아이를 낳지 못하면 그것은 하나님께 버림받은 것이라고 여겼습니다. 그러니 한나의 마음이 편하지 못합니다. 남편 엘가나는 참으로 좋은 사람입니다. 여러 가지 좋은 말로 한나의 마음을 위로 해 줍니다. 그러나 그럴수록 한나의 마음은 더욱 괴롭고 비참해 집니다.

그러던 중에 엘가나는 이스라엘의 풍습을 따라 후사를 얻기 위하여 두

번째 부인을 얻었습니다. 둘째 부인 브닌나는 얼마 되지 않아서 아들을
낳았습니다. 아들을 낳은 브닌나는 날이 갈수록 오만 방자하게 굽니다.
처음에는 미안한 마음으로 들어 와서 겸손한 마음으로 살더니, 이제는 한
나를 멸시하고, 학대까지 합니다. 완전히 위아래가 거꾸로 되었습니다. 한
나의 가슴에 깊은 한이 맺혔습니다.

한나는 실로에 있는 하나님의 집으로 올라갔습니다. 그곳에서 완전히
식음을 전폐하고 자신의 간절한 소원을 하나님께 기도하기 시작했습니
다. 한나의 기도는 마치 술에 취한 사람처럼 격렬했습니다. 얼마나 격렬
하게 기도를 했는지, 엘리 선지자가 볼 때 술에 취한 사람인 줄로 착각하
고 "포도주를 끊으라"고 책망할 정도 였습니다.

그러나 하나님께서는 한나의 간절한 기도를 들으시고 절박한 상황을
긍휼히 여기사 한나의 기도를 들으셔서 그 태를 열어 주시고 아들을 주셨
습니다. 그 아들이 바로 이스라엘의 위대한 지도자 사무엘이었습니다.

한나는 고통과 아픔가운데 하나님께 기도하고 아들 사무엘을 얻게 되
는 경험들을 통하여 중요한 영적인 체험을 하게 되었습니다. 그것은 바로
"하나님은 절대적인 힘과 능력을 가진 분이다"라는 것입니다.

한나의 찬양은 마치 전쟁에서 승리하고 돌아 온 승리자의 환희에 찬
노래와 같습니다. 전능하신 하나님께서 나를 이기게 하시고, 능력이 많으
신 하나님께서 인간의 행위를 살피시고, 가난한 자에게는 은총을 베푸시
고, 비천한 자에게는 존귀하게 하신다고 노래합니다.

바로 이 감사의 찬양이 밝히고자 하는 주제는 "하나님은 절대자이시

다"는 고백입니다. 이 고백이 우리들에게 언제나 하나님을 향하여 감사하게 만들고 찬양하게 하는 것입니다.

우리에게 하나님에 대한 절대 신앙이 없으면 우리들은 하나님 앞에 감사할 수 없습니다. 하나님께 대한 절대 신앙이 없으면 하나님 앞에 감사하는 것을 무식한 사람들의 소행으로 업신여깁니다. 하나님만이 절대적인 분이심을 고백하지 못하는 자에게서는 결단코 감사하는 삶의 자세를 찾아 볼 수 없습니다. 그런 사람에게서는 무신론자들이 가지고 있는 동물적인 모습만이 있을 뿐입니다.

하나님만이 절대적인 분이심을 믿어야 합니다. 하나님 외에는 절대자가 있을 수도 없고, 있지도 않습니다. 이 믿음이 우리들에게 하나님께 감사할 수 있도록 만들어 주는 것입니다.

하나님에 대한 절대 신앙은 첫째, "하나님만이 모든 것을 섭리하시는 분이시다"라는 신앙입니다.

본문 2절에서는 한나가 노래하기를 "여호와같이 거룩한 이가 없습니다"라고 했습니다. 하나님은 살리시기도 하고, 죽이기도 하시고, 낮추기도 하시고, 높이기도 하십니다. 음부에 내리게도 하시고 다시 올리기도 합니다. 하나님만이 능력이요, 하나님을 이길 존재가 하나도 없습니다. 하나님은 세상 모든 것을 만드시고, 이 모든 것을 주관하십니다.

우리의 필요를 아시고 공급해 주십니다. 무엇보다도 복주시기를 기뻐하십니다. 모든 것이 다 하나님께 달려 있습니다. 이것이 나의 고백이 되어야 합니다. 그래야 하나님께 감사하는 노래가 나옵니다.

둘째로, 하나님에 대한 절대 신앙이란 "하나님의 말씀만이 이루어지고 성취된다"라는 신앙입니다. 천지는 없어져도 하나님의 말씀은 일점일획도 변함이 없습니다. 하나님의 말씀이면 그대로 되어 진다는 신앙입니다.

갈릴리 호숫가에서 고기를 잡던 베드로가 밤새도록 한 마리도 잡지 못하고 헛수고만 했지만 예수님께서 깊은 데로 가서 그물을 던지라고 했을 때 "말씀에 의지하여 그물을 내리겠습니다"라고 한 것 같이 순종하는 신앙입니다. 그래야 말씀이 이루어지고 우리에게서 감격과 환희에 찬 감사의 노래가 저절로 나오게 되는 것입니다.

셋째로, 하나님에 대한 절대 신앙이란 "믿음으로는 안 되는 것이 없다"는 신앙입니다. 절대 신앙은 "믿음이 너를 구원하였다"는 말씀의 역사를 확실하게 믿습니다. 그리고 "믿는 자에게는 능치 못할 일이 없다"는 말씀에 대한 확실한 증거를 가지고 삽니다.

우리들은 믿음이 없어 감사하지 못하는 신앙이 되어서는 안 됩니다. 오히려 믿음이 좋아서 항상 감사하는 성도들이 되어야 합니다.

이와 같은 절대 신앙을 우리가 가질 때, 한나의 신령한 체험이 주어집니다. 응답이 옵니다. 환경이 달라지고 억울함이 풀어집니다. 눈물이 변하여 찬양이 되고, 기쁨이 됩니다. 감격에 찬 감사의 노래가 승리의 찬가로 변하여 울려 퍼집니다.

한나가 부른 감사 찬양이 가정에서, 교회에서, 직장에서 울려 퍼지기 원합니다. 환희에 찬 승리의 노래가 만나는 사람들에게도 전해지기 원합니다. 그러기 위해서는 우리들도 한나가 가졌던 절대 신앙이 있어야 합니다. 더 이상 하나님을 떠난 무신론자 같은 모습이 있어서는 안 됩니다. 말씀을 의심하는 모습도 있어서는 안 됩니다. 믿음 없는 자와 같은 생활이 되어서는 안 될 것입니다.

세상을 살 때 오직 하나님께서 베푸신 감사의 조건만을 생각하고 하나님께서 주신 은혜만을 생각하시기 바랍니다. 이루어지지 못한 것들에 대해서는 생각하지 마십시오. 잘못되었다고 여겨지는 부분들에 대해서는 미련을 갖지 마십시오. 하나님께서는 감사의 조건만을 생각하며 하나님을 향하는 사람들에게 보다 더 감사가 넘치는 내일을 준비하시고 있기 때문입니다.

10. 감사는 그리스도인의 중심 생활입니다

(시편 100:1-5)

세상의 모든 사람들은 다 나름대로 감사하는 마음을 가지고 살아갑니다. 때로는 말 못하는 짐승들도 이 감사의 표현을 하는 것을 볼 수 있습니다. 짐승을 길러 보면 자기에게 먹을 것을 주고 잘해 주는 사람에게는 호의적이며 신뢰와 충성을 다 합니다. 그것은 짐승이 갖는 감사의 표현입니다. 세상에는 악한 사람이든지, 하나님을 알지 못하는 불신자들이든지, 배운 자나 못 배운 자나 모두가 감사의 마음을 나름대로 표현하면서 삽니다.

그리스도인의 감사생활은 다른 불신자들이나 짐승들이 표현하는 감사와는 구별 됩니다. 왜냐하면 모든 감사는 만물의 주인이며 창조주이신 하나님과의 관계에서만 참되고 진실한 것이기 때문입니다. 하나님과 연결되지 않는 감사는 참 된 것이 아닙니다.

일반적으로 사람들이 감사하는 것을 보면 어떤 좋은 조건이 주어지고, 이익이 되며, 즐거움을 주고, 잘 되어질 때 감사합니다. 이러한 상황에서는 불신자들도 똑같이 감사합니다. 이렇게 어떤 조건에 의해서 표현되는 일시적인 감사의 감정은 참된 감사가 아닙니다. 단지 어떤 조건에 의해서 표현되는 조건 반사적인 반응일 뿐입니다. 언제든지 그 조건이 나빠지고 달라지면 감사의 감정이 돌변해서 미움과 저주로 나타납니다.

얼마 전에 신문기사에 아주 끔직한 기사가 실렸습니다. 어떤 장성한 아들이 자기가 사귀는 여자와 결혼을 하려고 부모에게 허락을 구했지만 부모가 극구 반대하였습니다. 그러자 결혼을 반대하는 부모가 미워졌습니다. 그래서 부모를 무참하게 살해하고 동생마저 죽였습니다.

그 부모가 그 아들을 얼마나 사랑했겠습니까? 부모는 그저 아들의 행복한 삶을 위해서 보다 나은 결혼을 위해서 반대했습니다. 그리고 그를 키우기 위해서 얼마나 잘해 주었겠습니까? 가정환경을 보니 부유한 가정이었습니다. 그 아들은 너무나도 호강하면서 자랐습니다. 얼마나 감사한 조건이 많습니까? 그런데 단지 결혼을 반대한다는 그 사실, 아들에게는 좋지 못한조건이 주어졌을 때 부모를 죽이고 아무 관계도 없는 동생마저 살해했습니다.

하나님께서 바울 사도를 통해 말세의 고통하는 때의 전형적인 현상에 대해 *"말세의 고통하는 때가 이르리니… 부모를 거역하며 감사치도 아니하며"*(딤후 3:2)라고 하셨습니다. 이 예언의 말씀대로 현재 성취되고 있는 것입니다.

이 살인 사건은 좀 극단적인 것이지만, 세상 사람들의 감사의 유형이 이런 것입니다. 조건반사적인 감사요, 일시적인 감사입니다. 그리스도인의 감사는 이런 감사와는 구별되어야 합니다.

그리스도인의 감사는 영원한 것입니다

그리스도인의 감사는 언제까지나 계속되는 것입니다. 조건에 관계없습니다. 좋은 조건이든지 좋지 못한 조건이든지 감사하는 마음에는 변함이 없습니다. 왜냐하면 영원하신 하나님과의 관계에서부터 시작되는 감사이기 때문입니다.

그리스도인의 감사는 하나님께서 주신 모든 것들로부터의 감사이기 때문에 세상 모든 것이 사라지고, 밤하늘의 별들도, 태양마저 사라져 버린다 할지라도, 아무 것도 없는 흑암 속에서도, 그 흑암으로 인하여 하나님께 감사하는 것이 그리스도인의 참된 감사인 것입니다.

그리스도인에게는 감사하지 않을 것이 없습니다. 바울 사도가 말하듯이 "범사에 감사"한 것입니다. 바울은 우리가 세상에 살면서 "감사한 마음으로 받으면 감사하지 않을 것은 아무 것도 없다"(딤전 4:4)라고 했습니다.

어느 작은 회사에 다니면서 믿음으로 성실하게 사는 집사님이 계셨습니다. 정직하고 성실하게 사니까 그날 먹을 양식 걱정하지 않고 넉넉하지는 않지만 믿음으로 자라나는 아이들과 함께 행복한 삶을 살았습니다. 그

가정은 더 달라고 욕심도 내지 않고 주시는 것으로 온 가족들이 하나님께 감사하면서 살았습니다. 그 분은 배운 것이 많지 않지만 성가대에서 열심히 봉사를 했습니다. 때로는 지휘자가 없으면 지휘도 하면서 섬겼습니다.

그런데 어느 날 그 집사님은 직장에서 구조조정 한다고 해고를 당했습니다. 이 일로 온 가정이 큰 위기에 처했습니다. 하지만 가족들은 동요하지 않았습니다. 여느 때처럼 하나님께 감사하며, 찬송을 부르며, 기도하며 예배를 드렸습니다. 직장에서 해고되면서 삼 남매의 학비며, 생활비며 여러 가지 어려움이 있었지만 하나님께 원망하지 않았습니다.

아들이 힘들어하면 그 아들을 위해서 온 가족들이 함께 기도해 주었습니다. 그렇게 3개월이 지나니까 생활비가 바닥나고 먹을 양식도 다 떨어져 갔습니다. 이제 며칠만 더 지나면 정말 굶어야 할 판입니다. 그래도 그들은 하나님의 말씀을 붙들고 주님의 인도를 기다리면서 감사하는 마음으로 기도했습니다.

어느 날 여느 때와 같이 가족들이 모여서 예배를 드리는데, 시편 100편의 말씀을 읽게 되었습니다. 온 가족이 그 말씀을 읽는데 누가 먼저랄 것도 없이 가족들의 눈에는 눈물이 흘러내렸습니다. 말씀이 너무나도 감격적이었기 때문입니다.

"여호와가 우리 하나님이신 줄 너희는 알지어다. 그는 우리를 지으신 자시요, 우리는 그의 것이니 그의 백성이요 그의 기르시는 양이로다. 감사함으로 그 문에 들어가며 찬송함으로 그 궁정에 들어가서 그에게 감사

하며 그 이름을 송축할지어다. "

　모두가 다 울면서 하나님께서 주실 은혜를 기대하고, 하나님께서 기르시고 복되게 하실 약속을 바라보면서 감사의 기도를 했습니다. 그 이후로 온 가족들이 이 말씀을 붙들고 기도했습니다.

　그러던 중에 어떤 분에게서 연락이 왔습니다. 평소에 그 집사님의 성실함과 믿음 있는 생활을 귀하게 보던 분이 있었는데, 그 분은 그 집사님이 일하던 회사와 관련을 맺고 있는 작은 사업을 경영하는 분입니다. 그 분은 연세가 많이 들어서 자기 사업을 계속할 수 없었습니다. 그래서 자기 사업을 맡길 사람을 찾던 중에 그 집사의 소식을 들었습니다. 곧 바로 사람을 보내서 자기 회사를 맡아달라고 부탁을 하며 수입을 반으로 나누어 갖자고 제안했습니다.

　직장에서 해고되어 큰 위기를 당했지만, 그래도 변함없이 감사하면서 믿음을 지켰더니 하나님께서 더 좋은 길을 인도해 주신 것입니다. 회사원이던 사람이 이제 회사 사장이 된 것입니다.

　직장에서 해고되었다고 불평하고 원망하고 살았다면 그 집사는 믿음도 잃고 가족도 잃고 모든 것을 잃어 버렸을 것입니다. 그러나 해고된 것에도 감사하면서 살 때 그에게는 더욱 놀랍고도 좋은 일이 일어났습니다. 이것이 그리스도인의 감사생활이요, 감사 생활하는 그리스도인에게 주시는 하나님의 큰 은혜입니다.

하나님께서 주실 은혜를 생각하면서 감사하는 것입니다

그리스도인의 감사생활은 하나님께서 주실 은혜를 생각하면서 감사하는 것입니다. 이것이 세상 사람들의 감사생활과 다른 것입니다.

세상의 사람들은 주어진 조건에 따라 감사합니다. 아직도 주어지지 않은 것에 대해서는 감사할 줄 모릅니다. 왜냐하면 그들에게는 믿음이란 것이 없기 때문입니다. 그러나 그리스도인은 과거에 주어진 은혜에도 감사합니다. 지금 주시는 은혜에도 감사합니다. 그리고 앞으로 주실 은혜도 생각하면서 감사합니다. 왜냐하면 믿음이 있기 때문입니다.

믿음이란 지금은 보이지 않지만, 확실한 증거가 되게 합니다. 지금은 주어지지 않았지만 받은 것 같이 해 주는 것입니다(히 11:1). 지금은 없어도, 앞으로 잘되고 넉넉할 것을 확신하며 감사하는 것입니다.

이스라엘 백성들이 하나님의 은혜로 가나안 땅에 정착하여 살면서 농사를 지어 수확을 거두어 들였습니다. 그때 하나님께서 "너희는 여호와께서 정하신 곳으로 나가서 초막절을 지키라"고 말씀하셨습니다. 초막절은 곡식을 곡간에 거두어들인 후에 7일 동안 하나님께 감사하는 추수감사절 같은 절기입니다. "이 절기를 지키고 너희는 여호와께서 네 모든 물산과 네 손을 댄 모든 일에 복 주실 것을 인하여 너는 온전히 즐거워할지니라"(신16:15)고 하셨습니다.

하나님의 말씀은 받은 은혜, 지금 받고 있는 은혜뿐 아니라, 앞으로 받을 은혜도 생각하면서 즐거워하고 하나님께 감사하라는 말씀입니다.

이렇게 감사하면서 사는 그리스도인에게는 결코 불평할 일도 없고, 낙심하거나 좌절할 일이 없습니다. 믿음으로 감사하고 살면 결국에는 승리합니다. 비록 현재는 없어도 나중에는 부유해지고, 현재는 초라해도 나중에는 존귀하게 되는 믿음이 있습니다.

저는 개인적으로 슈베르트를 참으로 좋아합니다. 그의 음악은 너무나도 섬세하고 아름다운 선율을 가졌기 때문입니다. 제가 그를 더욱 좋아하는 것은, 그는 참으로 믿음으로 산 사람이었기 때문입니다. 인간적으로는 참 불행해 보이는 삶이었습니다. 태어나면서 부터 가난은 평생 그를 따라다녔습니다. 사람들에게 음악가로서 인정을 받지도 못했습니다. 얼굴이 못생겨서 인기도 없었습니다. 그러나 끝까지 믿음으로 감사의 삶을 살았습니다.

슈베르트는 음악을 좋아했지만 너무 가난해서 제대로 공부도 할 수 없었습니다. 교회 성가대에서 배우는 기회가 있었지만 그것도 나이가 들면서 더 이상 할 수 없었습니다. 그는 남들이 공부하는 시간에 동네에 있는 식당에서 종업원으로 일을 해야 했습니다. 그렇지만 슈베르트는 낙심하지 않았습니다. 음악에 대한 열정을 가지고 살았습니다. 언젠가 하나님께서 주실 기회를 생각하면서 꾸준히 꿈을 키웠습니다.

어느 날 식당에서 일을 하는데 갑자기 굉장한 악상이 떠올랐습니다. 음악 오선지도 구입할 수 없었던 가난한 때라 슈베르트는 음식 주문 받는 종이 뒷면에다가 떠 오른 곡을 작사, 작곡 했습니다. 바로 그 곡이 보석 같이 아름답고, 우리 마음을 감동시키는 '아베마리아'와 '세레나데'입니다.

슈베르트는 비록 생존 시에는 사람들에게 인정받지 못하고, 가난과 허약한 가운데 독신으로 일생을 마쳤지만, 그 속에 있는 믿음으로 더욱 깊은 음악 세계를 열어갔고, 결국 그가 죽은 후에 그의 음악은 모든 사람들에게 깊은 감동을 주고, 지금까지도 사람들에게 사랑을 받고 있습니다.

하나님 앞에서의 감사생활입니다

세상 사람들은 감사해도 인간적인 것으로 끝납니다. 사람들끼리 감사하고 자기들 끼리 감사하고 마칩니다. 좋은 일이 생기면 잔치를 열고 축하하고 떠들썩하게 먹고 마시고 즐깁니다. 그리고 끝납니다. 더 이상 하나님을 찾지 않습니다. 그렇게 좋은 자리에 하나님을 위한 자리 하나 만들어 드리며 함께 기뻐하며 감사하면 얼마나 좋습니까? 그런데 못합니다. 참으로 이상하기도 하고 안타깝기도 합니다.

그리스도인들은 하나님께 감사합니다. 그 감사의 표현을 먼저 하나님께 표현합니다.

본문의 말씀도 이렇게 감사의 마음을 하나님께 표현할 것을 노래합니다. 본문은 '감사의 시'라고 제목이 붙여진 노래인데, 하나님의 자비로우심을 기억하도록 쓰인 찬양입니다. "온 땅이여 여호와를 즐거이 부르며,

기쁨으로 섬기며, 노래하며 여호와께 나가자"(1절)라고 시작하는 이 찬양은 주로 예배 때 불렸습니다.

우리의 감사는 하나님 앞에 나와서 하는 것입니다. 그래서 시인은 "*감사함으로 그 문에 들어가며 찬송함으로 그 궁정에 들어가서 감사하며 그 이름을 송축할지어다*"(4절)라고 했습니다.

여기서 '문'은 여호와의 성전의 문입니다. 궁정은 하나님의 다스리심이 있는 여호와의 집입니다. 이 집은 신앙의 중심지이며 예배의 장소입니다. 이곳은 오늘날 교회를 의미합니다.

감사하다고 하면서 하나님 앞에 나오지 않고, 신앙의 중심지인 교회에 나오지 않는다면 그것은 참된 감사가 아닙니다. 제대로 된 감사의 표현이 될 수 없습니다.

우리 신앙의 중심지인 교회에 나와서 먼저 하나님 앞에 감사하는 마음을 드릴 때 하나님께서는 그 속에 계셔서 우리의 마음을 받으십니다.

그래서 골로새서에서 하나님께서는 말씀하십니다.

"*시와 찬미와 신령한 노래를 부르며 마음에 감사함으로 하나님을 찬양하라*"(골 3:16).

하나님께 드리는 마음의 감사가 예배를 통하여 나타납니다. 마음의 감사가 예물로, 아름다운 찬양으로 나타납니다. 하나님께서는 그 예배를 기쁘게 받으시고, 깊은 영적인 교제를 이루시고, 예배 속에서 더욱 넘치는 은혜를 우리에게 주십니다. 그렇기 때문에 하나님 앞에 예배를 드리더라도 감사의 마음이 없이 드린다면 그 예배는 하나님께서 받으시는 예배가 아닙니다. 그런 예배는 의미가 없는 예배입니다. 여기에 구별된 그리스도인의 감사가 있습니다.

은평동에 가면 '신나는 집'이란 집이 있습니다. 그 누구도 돌보지 않고 방치된 결손 가정의 아이들을 모아다가 양육하고 돌보는 집입니다. 한 30여 명의 아이들이 그곳에서 생활하고 있습니다. 어린 마음에 이미 부모로부터 버림받은 상처를 가지고 있고, 슬픔과 외로움, 그리고 가난과 굶주림이라는 상황을 겪으면서 거칠 대로 거친 아이들이지만, 그곳에 와서 생활하는 동안에 모두 착하고 귀중한 아이들로 변합니다.

그곳에서 생활하면서 아이들이 하나님을 알게 되고 하나님께서 주신 복이 무엇인지를 깨닫게 됩니다. 그 아이들이 쓴 감사의 글을 보니까 무려 83가지나 되었는데, 그 가운데 제 마음을 감동시킨 글들이 있습니다.

"매일 굶지 않고 맛있는 것을 많이 '신나는 집'에서 먹는 것 감사하고, 추위에 떨지 않게 해주신 것에 감사하고, 자장면을 토요일마다 공짜로 먹는 것도 감사하고, 어디 있는지 모르는 엄마란 존재를 만들어 주신 것에 감사하고, 이 세상에서 살아 갈 수 있다는 것 감사합니다. 그리고 기도할 줄 알게 하셔서 감사하고, 눈으로 성경을 읽을 수 있다는 것에 감사합니다"라는 글입니다.

우리가 볼 때는 너무나도 당연해서 감사할 것도 아닌데 그 아이들은 감사하고 있었습니다. 그 아이들을 보면 우리는 참으로 많은 감사의 조건들을 가지고 있습니다.

우리는 받은 복도 세어 보고, 받을 복도 세어 보면서 하나님 앞에 나와서 감사하다가 하나님의 놀라운 사랑을 경험하고 세상을 더욱 힘 있게 소망을 가지고 살아가는 복된 삶이 되어야 합니다.

11. 감사는 조건이 없습니다

(에베소서 5:8-21)

미국에 어떤 예수 믿는 청년이 그만 사고를 당해서 다리 하나를 절단하게 되었습니다. 그 소식을 듣고 담임 목사가 찾아가서 위로를 하며 성경 말씀을 찾아서 읽어 주었습니다. 로마서 8장 28절에 있는 *"우리가 알거니와 하나님을 사랑하는 자 곧 그 뜻대로 부르심을 입은 자들에게는 모든 것이 합력하여 선을 이루느니라"*는 말씀을 읽고 간절히 기도하고 돌아갔습니다.

낙심과 분노 속에 있던 청년은 목사님이 읽어 준 그 위로의 말씀과 간절한 기도가 귀에 들어오지 않았습니다. 오히려 더욱 화가 나서 '목사님은 이런 사고를 당해 보지 않아서 그런 말씀을 할 수 있지… 이렇게 불구자가 되었는데, 무엇을 어떻게 합력하여 선을 이룬다는 말인가'라고 속으로 불평을 했습니다.

그렇게 몇 달이 지났습니다. 이 청년에게 하나님의 신비로운 은혜가 임했습니다. 물리 치료하는 곳에 갔다가 척추를 다쳐서 휠체어를 타야만 움직이는 사람을 만났습니다. 휠체어를 타고 있으면서도 그는 너무나도 밝고 기쁘게 살고 있는 것이었습니다.

"어떻게 그렇게 밝고 기쁘게 살 수 있습니까?"라고 물었습니다. 아래위를 훑어보던 그 사람은 그를 데리고 어느 병동으로 갔는데, 그곳에는 목을 다쳐서 온 몸이 마비되어 눈만 움직이는 사람이 누워있었습니다. 두 사람은 한참을 말없이 쳐다보다가 나왔습니다.

더 이상 말이 필요 없었습니다. 휠체어를 타고서도 얼마든지 행복하게 살 수 있다는 것을 발견한 것입니다. 그 청년은 다리 하나 없다고 낙심하고 인생 다 산 것처럼 불평하고 원망하고 사는 자신의 모습은 너무나도 잘못되어 있음을 깨달았습니다. 그는 하나님 앞에 기도하기 시작했습니다. 하나님의 은혜가 가슴에 사무쳐 왔습니다. 그로부터 깊은 하나님과의 교제가 계속되었습니다.

고무로 된 의족을 하고 나서 그는 신학교에 들어갔습니다. 목사가 되어서 어려움을 겪는 사람들을 위해 헌신하리라 결심을 했습니다. 열심히 공부해서 신학교를 졸업하고 그는 선교사가 되었습니다. 당시만 해도 아프리카 깊은 오지에는 선교사들이 가지 못했습니다. 그러나 그는 그 오지로 가서 선교하리라 작정하고 식인 원주민들이 사는 곳에 들어갔습니다.

백인 선교사가 들어오니까 식인종들이 일제히 달려들어서 잡아먹으려고 했습니다. 그 모습을 보고 선교사는 놀라서 얼른 옆에 있는 나무위로 올라갔습니다. 나무 위에 올라간 선교사를 향해 식인종들은 뭐라고 소리를 지르면서 나무 주위를 빙빙 돌았습니다. 아마도 내려오면 잡아먹으려고 준비를 하고 있는 것 같았습니다. 선교사는 얼른 자기 고무다리 의족을 떼 내서 원주민들에게 던져 주었습니다.

원주민들은 그 의족을 뜯어먹으려고 해도 도무지 질겨서 씹히지가 않았습니다. 원주민들은 "도대체 어떤 인간이기에 살이 이렇게 질겨서 먹을 수 없는 가"라고 서로 말하더니 아마도 저 사람은 보통 인간이 아니라 하늘에서 내려온 신일 것이라 생각하고는 뭐라고 소리를 지르더니 일제히 나무 아래 엎드려 절을 하기 시작했습니다.

선교사는 내려가도 될 것 같아서 내려 왔더니 의족을 돌려주고 들것에 태워서 마을로 들어갔습니다. 선교사는 갑자기 그들의 신이 되었고, 그 원주민을 다스리는 왕이 되었습니다. 선교사는 훌륭하게 복음 전하고 그 식인마을을 완전히 예수 마을로 바꾸었습니다.

불행하게 만들었던 의족이 그를 살려냈을 뿐 아니라, 성공적으로 복음을 전하게 하는 귀한 도구가 되었습니다. 그제야 "하나님을 사랑하는 자에게는 모든 것이 합력하여 선을 이룬다"는 말씀을 그는 깨닫고 감사하며 선교 사역을 성공적으로 잘 감당하게 되었다고 합니다.

본문은 빛의 자녀된 자들이 어떻게 살아야 하는지에 대해서 말씀하는 내용입니다. 사람들은 모두 전에는 우상을 숭배하며 어두움에 속해 있었고 어두움의 자녀들이었습니다. 왜냐하면 하나님을 알지 못했고 믿지도 않고 살았기 때문입니다.그러나 이제는 빛 되신 예수 그리스도로 인하여 죄에서 건짐 받고, 사망의 고통에서 벗어나서 영생의 길로 걸어가게 되었습니다. 이제 더 이상 어두움에 거하지 않습니다. 빛 되신 예수님 안에서 모두 빛의 자녀들이 되었습니다.

본문 말씀은 빛의 자녀처럼 행하는 삶에 대해서 여러 가지로 권하고 있습니다. 빛의 열매인 착함과 의로움과 진실한 삶(9절), 말하기도 부끄러운 은밀한 가운데 행하는 일들은 떠나서 주님을 기쁘게 하는 삶(10절)을 살라고 권합니다. 이러한 삶을 위해 주의 뜻을 이해하고 세월을 아껴야 합니다(16절). 성령 충만하여 마음으로 주님을 찬양하며(19절), 범사에 항상 감사하며 살아야 합니다(20절).

이 모든 것은 "범사에 항상 하나님께 감사하며 살라"는 말로 요약할 수 있습니다. 예수 그리스도를 구주로 믿고 구원받은 하나님의 자녀, 빛의 자녀가 되었습니까? 범사에 항상 감사해야 합니다.

"항상 기뻐하라 쉬지 말고 기도하라 범사에 감사하라 이는 그리스도 예수 안에서 너희를 향하신 하나님의 뜻이니라"(살전 5:16-18).

흔히 사람들은 감사란 어떤 조건이 있어야 하는 것 인줄로 압니다. 그 감사의 조건이 얼마나 주관적인 것이고 황당한 것인지 모릅니다.

내가 바라던 돈이 많아지는 것이 감사의 조건입니까? 돈이 많아지니 신앙생활이 힘들어 지고, 유혹이 많아지고, 그래서 어두움의 길로 가게 됩니다. 그렇다면 부유함이 정말 감사한 조건이 되었습니까? 그것은 감사의 조건이 아니라 불행의 조건이 되는 것입니다.

내 자녀가 공부 잘해서 좋은 학교에 들어가서 출세하는 것이 감사의 조건입니까? 바라는 데로 좋은 대학 들어갔습니다. 출세도 했습니다. 그것이 그 자녀를 망하게 하고, 신앙도 버리게 하고, 결국 부모에게도 찾아가보지도 못하게 했습니다. 부모는 그것이 원통해서 세상을 비관하고 자식을 원망하다가 자살하고 말았습니다. 이것이 진정으로 감사한 조건입니까? 오히려 그가 바라던 것은 감사의 조건이 아니라, 불행의 조건이었습니다.

그리스도인의 감사에는 조건이 없습니다. 감사할 조건이 있을 때도 감사하고, 없어도 감사합니다. 고통과 슬픔의 순간에도 감사하고 탄식과 아픔의 순간에도 감사합니다. 왜냐하면 고통과 실패 가운데서도 합력하여 선을 이루시는 하나님이시기 때문입니다. '범사'와 '항상'이란 그런 의미입니다.

사도 바울을 통하여 하나님께서 "아무 것도 염려하지 말고 오직 감사함으로 주께 아뢰라"(빌 4:6)고 말씀하십니다. 그것만이 나를 통하여 하나님의 위대한 뜻을 이루는 길이요, 내가 이 땅에 부름을 받아 존재하는 목적인 것입니다. 이런 감사의 생활을 하는 사람에게는 죽음의 상황이라 할지라도 그 감사가 변하지 않습니다.

2차 세계 대전 때에 독일에는 두 종류의 교회가 있었습니다. 히틀러의 나치 정권과 타협하고 그 정권을 옹호한 '국가교회'가 있었고, 다른 하나는 국가교회는 틀렸고 히틀러는 잘못하고 있다고 고백한 '고백교회'였습니다.

국가교회는 히틀러를 세상을 구하기 위해 온 메시야라고 찬양했습니다. 이러한 국가교회의 잘못 때문에 고백교회가 나올 수밖에 없었습니다. 우리가 잘 아는 본 훼퍼 목사님은 바로 이 고백교회의 중요한 멤버였습니다. 히틀러는 이 고백교회의 목사님들을 붙잡아서 지독하게 탄압하고 핍박했습니다.

고백교회 성도들은 유대인들이 비참하게 학살당하는 것을 목격하면서 유대인들과 함께 죽기를 결심하면서 히틀러의 광적인 통치에 대항했습니다. 그래서 많은 고백교회 성도들이 비참하게 죽임을 당했습니다. 하지만 고백교회 성도들은 죽음의 순간에도 하나님께 감사하며 죽었다는 것입니다.

이렇게 고통을 받고 죽임을 당하는데 뭐가 감사합니까? 억울하고, 괴롭고, 정말 분노할 것 밖에 없는 조건 아닙니까? 하지만 고백교회 성도들은 감사했습니다. 그들은 고통을 받고, 비참하게 죽어 가는 순간에 인간에게 가장 필요한 것은 아무 것도 없다는 것을 발견했기 때문입니다. 그 죽음의 순간에 무슨 원한을 품겠습니까? 아직 이루지 못하고 가지지 못한 것들에 대해서 무슨 욕심을 있겠습니까? 이 땅에서의 부귀영화, 그 모든 것은 이미 아무 의미가 없는 것입니다. 그러므로 못 가졌다고 불평할 것도 없고, 많이 가졌다고 기뻐할 것도 없습니다. 죽음의 순간에는 아무 것도 필요 없습니다. 정말 필요한 것이 있다면 영원한 생명에 대한 소망 뿐입니다.

하나님의 자녀들에게는 영생은 분명하게 주어질 상급입니다. 그것이 감사할 뿐인 것입니다. 어떤 순간에도 하나님을 바라보면 그저 감사할 것 뿐입니다.

최용덕이란 찬양 가수가 있습니다. 그 분이 어느 곳에 가서 찬양 집회를 인도하는데, 한 청년이 찬송을 하면서 열심히 자기 뺨을 때리면서 찬양을 하더랍니다. 찬양을 하다가 보면, 소리가 커지면서 점점 빨라지기도 하는데, 찬양이 빨라지고 소리가 커지니까, 더욱 세게 그리고 빠르게 자기 뺨을 때리면서 찬양합니다. 이상하다고 생각이 들어서 집회 후에 일부러 그를 만났다고 합니다. 만나보니 그 청년은 손이 하나밖에 없었습니다. 손이 하나뿐 이지만 한 손으로 뺨을 때리면서 찬송할 수 있음에 그는 오히려 감사하고, 그게 감사하니 더욱 세게 자기 뺨을 때리면서 뜨겁게 찬양하였다는 것입니다. 온전히 몸을 제물 삼아 드린 아름다운 감사의 찬양이 아닐 수 없습니다.

옛 사람들이 하는 속담에 "은혜는 물에 새기고 원한은 돌에 새긴다"는 말이 있습니다. 은혜는 쉽게 잊고 원한은 오랫동안 잊지 않고 간직한다는 인간의 못된 습성을 꼬집는 말입니다.

은혜를 받고서도 감사할 줄 모르는 인간이 되어서는 안 됩니다. 감사하지 않는 것은 짐승들이나 하는 삶의 습성입니다. 감사를 모르기 때문에 짐승들은 더 이상의 삶을 소유하지 못합니다. 그러나 인간은 감사를 표현할 줄 압니다. 그러므로 인간의 삶은 그만큼 향상되고 발전되는 것입니다.

감사하는 만큼 성숙하고, 감사하는 만큼 발전되고, 감사하는 만큼 풍족하게 됩니다.

2부

평안의 통로 감사

"오늘 감사는 내일을 바꾸고,
지금 감사는 인생을 바꾼다."

정판식 목사

12. 감사는 고백이고 결단입니다

(시편 106:1-5)

서양 사람들이 하는 수수께끼 중에 "수학문제 중에서 제일 가르치기 어려운 문제가 무엇입니까?"라는 것이 있습니다. 해답은 우리가 받은 복을 세어 보는 것입니다.

물에 빠져 가는 배에서 17명의 사람을 구해 준 용감한 소년이 있었습니다. 나중에 사람들이 그 소년에게 그 사람들 중에 몇 명이나 감사하다고 하드냐고 물었습니다. 그때 소년이 말하기를 한 사람도 감사하다고 한 사람이 없었다고 했습니다. 오히려 17명의 사람 중에 머리카락을 잡고 끌어 당겨 살려 낸 사람이 있었는데, 그 사람이 머리가 아파서 죽을 뻔했다고 원망만 했다고 합니다. 그 만큼 감사하기가 어렵다는 말입니다.

멕시코의 대통령이 미국을 방문하였습니다. 그때 어느 기자가 멕시코 대통령에게 물었습니다. "멕시코와 미국은 같은 대륙입니다. 그런데 왜 미국은 천국 같고, 바로 아래 멕시코는 지옥 같습니까? 그 차이가 어디에 있다고 생각합니까?"

멕시코 대통령이 대답하기를 "그 차이점은 처음에 무엇을 구했는가? 입니다"라고 했습니다. 무슨 말인지 이해를 못하는 기자를 보고 멕시코 대통령이 덧붙여서 "청교도들은 미국에 올 때, 처음부터 God(하나님)을 잘 섬기기 위해 찾아왔습니다. 그러나 남미로 간 에스파니아 사람들은 잉카문명에 황금이 많다고 해서 Gold(황금)을 구했기 때문입니다"라고 설명했습니다.

God과 Gold는 한 글자 차이입니다. 시력이 나쁜 사람은 잘 구분하지도 못합니다. 하나님인지 황금인지 분간하지 못합니다.

하나님을 찾으러 간 사람들은 하나님도 찾고 황금도 찾았습니다. 그러나 처음부터 황금을 찾으러 간 사람들은 황금도 찾지 못하고, 하나님도 찾지 못했습니다.

미국과 멕시코의 차이는 환경이나 조건에 차이가 있는 것이 아니고, 무엇을 구하느냐, 무엇을 찾느냐의 차이였습니다. 사람들이 조건이나 환경에 의해서 잘 살고 못 사는 것이 아니고 그 사람이 무엇을 찾는 사람이냐 하는데 달렸습니다.

미국 대륙을 찾은 청교도들은 오직 신앙을 추구했고, 하나님을 찾았습니다. "하나님만 계신다면 나는 만족합니다. 행복합니다. 하나님을 만나면 나는 기쁩니다. 하나님이 계시지 않으면 내게는 즐거움이 없습니다"라는 것이 청교도들의 신앙이었습니다.

오늘날 그리스도인들이 지키는 추수감사절은 바로 이 청교도들의 눈물겨운 신앙의 승리의 흔적이요, 감사의 역사입니다.

영국에 살던 개신교도들이 '메리 여왕, 엘리자베스 여왕, 그리고 제임스 1세'에 이르면서 많은 핍박을 받았습니다. 결국 그들은 신앙의 자유를 찾아서 정든 영국을 떠나서 화란의 라이든에 이주를 했습니다. 사람들은 그들을 가리켜서 '청교도'(puritan)라고 불렀습니다.

청교도들은 화란의 라이든에 정착하여 자유로운 신앙생활을 하게 되었습니다. 그런데 얼마 지나지 않아 '라이든 대학'에 뜻하지 않는 신학자가 나타났습니다. 그는 칼빈의 하나님의 절대 주권신학을 반대하는 사상을 가르치기 시작했습니다. 그러자 청교도들은 그들의 자녀들에게 신앙적으로 나쁜 영향을 주게 될 것이 걱정되어 다시 11년이나 정들었던 화란을 떠나 신대륙을 향하게 되었습니다.

1620년 9월 16일 화란의 암스테르담을 떠난 102명의 청교도들은 대서양을 횡단하여 폭풍을 만나 표류하다가 1620년 11월 21일 늦가을 보스톤 가까운 플리머스에 도착하여 새로운 신앙의 삶을 시작했습니다.

대서양을 횡단하는 고생 끝에 신대륙에 도착했지만 그들을 기다리는 것은 혹한과 굶주림이었습니다. 그 해 겨울 40명의 사람이 혹한과 굶주림으로 죽었습니다. 그럼에도 그들은 먼저 교회를 짓고 하나님께 감격의 첫 예배를 드렸습니다.

다행히도 1621년 첫 봄에 인디언에게서 얻은 옥수수 씨를 심어서 가을에 첫 수확을 했습니다. 그 수확은 겨우 3개월 분량에 지나지 않았습니다. 이미 10명이 더 죽고 남은 사람은 52명뿐이었습니다. 그러나 그들은 하나님께 감사했습니다.

어떻게 그런 상황에서도 감사할 수 있었습니까? 정든 고향을 잃어 버렸습니다. 많은 사람들이 추위와 굶주림으로 죽었습니다. 참으로 지옥 같은 환경에서 죽어 갔습니다. 추수를 했지만 겨우 3개월 분량뿐이었습니다. 풍성한 수확도 아니었습니다. 오히려 불평과 원망이 나와야 마땅한 상황입니다.

"하나님을 마음껏 믿고 싶어서 고향을 버리고 떠나왔는데, 겨우 이 생활입니까? 우리가 하나님을 잘 섬기려고 생명을 걸고 대서양을 건너 왔는데, 그 대가가 겨우 이것뿐입니까? 어찌하여 함께 나온 형제자매들이 비참하게 굶주림과 추위로 죽어야 합니까? 정말 하나님께서 살아 계시는 것이 분명합니까?"라고 원망할 수밖에 없는 상황이었습니다.

하지만 한 사람도 하나님 앞에 불평하고 원망한 사람이 없었습니다. 오히려 감격과 감동 속에서 인디언들을 초청하여 추수감사의 예배를 드리고 하나님께 영광을 돌렸습니다. 이것이 청교도들이 하나님께 감사한 첫 번째 추수감사의 정신입니다.

그 결과는 엄청난 복으로 나타났습니다. 영적으로 부요하게 되었습니다. 영혼이 만족하였습니다. 육신의 풍요로움이 넘쳐나기 시작했습니다.

청교도들이 시작한 이 예배를 우리도 그들의 믿음과 감사를 생각하면서 하나님만을 찾으며, 하나님 앞에 드릴 영적인 삶을 찾고자 추수감사예배를 드리는 것입니다.

우리의 눈이 하나님을 바라보는 영적인 눈이 되어야 합니다. 우리의 삶의 중심이 여호와 하나님이 되어야 합니다. 비록 내 육신의 상황은 추위와 굶주림으로 비참한 지경이 되었다 하더라도, 나의 형편이 죽음이라는 처참한 상황이 되었다 하더라도, 내 눈이 하나님을 향하고, 하나님 한 분만으로 만족한다고 하면, 혹독한 겨울이 지나고 따뜻한 봄과 함께 새로운 삶을 기약할 수 있는 소망을 가지게 됩니다. 참으로 놀라운 복된 삶의 역사들을 바라볼 수 있습니다.

감사는 신앙의 고백입니다

감사는 좋은 결과가 있으므로 감사하는 것이 아닙니다. 감사는 우리의 바라는 소망과 확신하는 신앙의 고백입니다. 어떤 사람은 받은 은혜가 있으니 감사해야 한다고 가르칩니다. 옳은 말입니다. 은혜를 받았는데, 감사하지 않는 것은 참으로 짐승만도 못한 존재입니다.

사람들은 일반적으로 주어진 어떤 조건에 대해서 감사하는데, 그 조건들은 대부분이 눈에 보이고, 손에 만져지고, 피부로 느껴지는 것들입니다. 그래서 사람들은 흔히 감사를 전능하신 하나님께 하지 못합니다. 그래서 잘못된 감사를 할 때가 많습니다.

하나님께서는 눈에 보이고, 손에 만져지고, 몸으로 누릴 수 있는 어떤 조건이 주어짐으로 감사하는 것을 기뻐하지 않습니다. 우리 눈에 아무 것도 보이지 않지만, 내 생활에 좋은 일이라고는 아무 것도 없지만, 그럼에도 불구하고 하나님을 향하여 감사하는 것을 하나님께서는 기뻐하시고 귀하게 여기시는 것입니다.

그래서 감사란 것은 어떤 주어진 좋은 결과로 생기는 것이 아니고, 우리의 신앙이요 고백으로 나타나는 것입니다.

요즘 시대를 가리켜서 '감사불감증 시대'라고 합니다. 사람들이 감사할 일이 생겨도 감사할 줄 모르기 때문에 그렇게 부르는 것입니다. "물에 빠진 사람 건져주었더니, 내 보따리 찾아내라고 원망한다"는 말은 이 시대를 단적으로 표현해 주고 있습니다.

조건 없는 감사

이 시대가 왜 이렇게 감사를 느끼지 못하고, 감사할 줄도 모르게 되었습니까? 사람들이 감사를 어떤 조건에 따라서 하는 것이 습관화되었기 때문입니다.

처음에는 조그마한 것으로도 감격하고 감사하였는데, 그 다음에는 그것으로는 감사하지 않습니다. 좀 더 큰 일이 주어져야 감사합니다. 그리고 그 다음에는 더 큰 일이 주어져야 감사합니다. 그러다 보니 이제는 아예 감사를 잊어버리고 삽니다.

옛날에는 연탄만 수북이 쌓여 있어도 감사하였습니다. 하지만 이제는 그런 수고하지 않고 언제든지 스위치만 누르면 가스가 나와서 편안하게 살 수 있게 되었습니다. 그러나 우리는 아무도 그 가스에 대해서 감사하지 않고 삽니다. 나도 모르게 감사 불감증에 걸려 사는 것입니다.

이렇게 된 것은 우리가 감사를 어떤 주어진 결과에 따라서, 그것도 물질적인 조건에 따라서 하기 때문에 그렇게 된 것입니다. 하나님은 감사는 그런 조건이나 결과에 따라서 하는 것이 아니라, 믿음으로 하는 것이요, 고백으로 하는 것이라고 말씀합니다. 하나님께서는 언제나 감사하는 믿음의 사람을 찾아 쓰시고 감사하는 곳에 역사 하십니다.

만약에 감사가 어떤 좋은 결과에 따라 감사하는 것이라고 한다면, 세상에 감사할 수 있는 사람은 아무도 없습니다. 왜냐하면 인간의 마음이란 결코 만족할 줄 모르기 때문입니다.

그러나 어떤 상황이나 결과에도 감사하면 모든 것이 더욱 감사할 조건으로 채워지고 변화되는 것입니다.

우리는 여러 가지로 어려운 환경을 겪고 있습니다. 정치적으로도 경제적으로도 모든 방면에서 참으로 힘들고 어려운 순간순간을 지나고 있습니다. 앞으로도 더 좋아질 것이라는 전망을 할 수 없습니다. 그러니 감사할 것이 없다고만 하겠습니까? 만약에 이런 환경을 보고 감사할 것이 없다고 한다면 그 사람은 계속해서 감사할 수 없는 인생이 됩니다.

내게 오늘이 있게 하신 하나님, 그리고 내일도 있게 하실 것을 생각하면서 하나님께 감사하는 사람은 언제나 감사하는 삶을 살 수 있습니다. 왜냐하면 감사는 나의 고백이요, 나의 간증이요, 하나님을 향한 나의 신앙이기 때문입니다. 어떤 사람은 말하기를 "감사는 큰 복을 받기 위한 신앙인의 칭찬 받을 결단이다"라고 했습니다.

이렇게 내가 하나님께 감사하므로 하나님은 그의 자녀에게 엄청난 복을 주시고, 그로 인하여 하나님의 큰 영광을 드러냅니다.

누구든지 하나님 앞에 칭찬 받고, 하나님의 큰 복을 받아, 하나님의 영광을 드러내기를 원한다면, 언제나 감사하며 하나님을 찬송하고, 범사에 감사하므로 하나님께 나오시기 바랍니다. 감사함으로 하나님의 크신 이름을 사람들에게 전하며 사시기 바랍니다.

13. 감사는 믿음의 표현입니다

(에베소서 5:8-21)

일반적으로 한국 사람들은 마음속에 있는 것을 잘 표현하지 못하는 경향이 있습니다. 그래서 오해를 받기도 하고, 때로는 손해를 보기도 하고, 마음 상한 경험들이 더러 있을 것입니다. 오랫동안 이어져 온 유교 전통이 우리를 그렇게 만든 것입니다.

월드컵 축구로 외국 손님들이 많이 찾아 왔습니다. 준비하는 당국자들이 많이 걱정한 것 가운데 하나가 우리나라 사람들은 대체로 외국인들에 대해서는 우호적이고 친절한 편인데도 문제는 그 호의적이고 친절한 마음씨를 표현하지 못한다는 것이었습니다.

그래서 월드컵 준비 위원회에서 홍보 영상물을 만들었습니다. 두루마기를 입고 입술을 굳게 다물고 근엄하게 굳어져 있는 얼굴을 하신 할아버지 한 분을 길에 세워 놓고 활짝 웃는 외국인들을 지나가게 했습니다. 그들이 지나갈 때 강아지도 짖으면서 반갑게 맞이하고 모든 것들이 우호적인 몸짓을 하는데 할아버지만은 결코 굳게 다문 입과 얼굴을 펴지 않습니다. 그러다가 마지막 장면에서 그 할아버지가 얼굴을 펴면서 활짝 웃으시는 내용입니다. 그 웃으시는 모습이 얼마나 보기가 좋은지 '원더풀 코리아' 그 자체입니다.

마음에 있는 것을 밖으로 표현하며 사는 것은 참으로 중요한 삶의 지혜입니다. 특별히 하나님을 섬기며 믿음을 지킬 때 우리가 소유한 믿음을 분명하게 표현하며 산다는 것은 너무나도 중요합니다.

하나님께서는 언제나 그의 백성들에게 "네 믿음을 내게 보이라"고 말씀하셨습니다. *"믿음이 있나 없나 시험해 보라, 네가 믿는 바를 입으로 시인하라"*(롬 10:17)고 했습니다.

본문 말씀의 주제는 '주님을 기쁘시게 하는 성도의 삶'에 대해서 가르치는 말씀입니다. 신령한 노래로 하나님께 찬송하고 범사에 하나님께 감사하는 생활은 하나님을 섬기는 사람의 모습이요(15절), 빛 되신 예수님을 믿고 사는 빛의 자녀의 모습이요(8절), 주님을 기쁘시게 하는 자의 삶이라 했습니다(10절).

어떤 사람이 "인생이 무상하다는 것을 알면 불교인이요, 인간의 삶의 도리를 알면 유교인이요, 하나님의 은혜로 산다는 것을 알면 그리스도인이요, 신앙인이다"라는 말을 했습니다.

믿음이 있느냐 없느냐의 기준은 "그 사람에게 감사가 있느냐 없느냐"는 것입니다. 생활 속에서 마음으로 드리는 감사의 삶이 있으면 믿음이 있는 사람이요, 아무리 "주님을 믿는다"라고 해도 감사가 없으면, 그 사람은 믿음이 없는 사람입니다.

세상에 사는 사람들을 보면 좋은 일이 생겨도 감사할 줄 모르는 사람이 얼마나 많은지 모릅니다. 또 좋은 일에는 감사할 줄 알지라도 나쁜 일에는 결코 감사하지 않습니다.

그러나 믿음의 사람에게는 좋은 일이 있을 때는 물론이고, 나쁜 일에도 하나님을 찾으면서, 하나님께 감사하는 삶을 삽니다. 이러한 감사의 표현을 기준으로 성숙한 사람을 판단하기도 합니다. 이렇게 성숙한 사람은 성숙한 믿음의 삶을 사는 사람이라 할 수 있습니다.

하나님께서 감사 생활을 통하여 우리의 믿음을 표현하게 하시는 이유가 있습니다. 하나님께 감사하므로 우리들로 하여금 언제나 하나님을 기억하게 하시고, 우리의 감사생활을 다른 사람들이 보고, 그들도 하나님께 감사하는 생활을 하도록 하기 위함입니다.

에베소 교회 성도들은 그들의 믿음 생활로 인하여 하나님께 더욱 감사하게 만들었다고 했습니다(엡 1:15,16). 누가 쓴 글인지는 아무도 모르는 '이 세상은 내 것'이라는 글에 이런 이야기가 있습니다.

"나는 오늘 버스 안에서 금발 머리의 아름다운 소녀를 보았습니다. 나는 그녀의 미모와 행복한 모습을 보면서 한없이 부러워했습니다. 얼마 후 차에서 내리려고 일어서서 통로로 걸어가는 그 소녀가 절뚝거리는 것을 보았습니다. 그 소녀는 한쪽 다리 밖에 없어서 목발을 사용하고 있었습니다. 그러나 그 소녀는 여전히 미소를 잃지 않았고, 행복한 모습을 지니고 있었습니다. 주여! 나에게는 튼튼한 두 다리가 있사오니 감사합니다."

설령 나를 불행하게 만드는 것이 있다하더라도 그것으로 인하여 감사할 때, 나를 보는 사람들을 감사하게 만드니 그것 또한 감사한 일이 아닐 수 없습니다. 그래서 하나님께서는 내게 믿음을 주시고, 감사 생활하게 하시고, 그 일로 다른 사람이 누리지 못하는 큰 복을 누리게 하는 것입니다. 이런 하나님의 오묘한 비밀을 깨닫는 복 있는 사람이 되어야지 않겠습니까.

어떤 나그네가 캄캄한 밤길을 걸어가고 있었습니다. 전혀 알지 못하는 길을 가는 지라 얼마나 위험한지 알 수 없습니다. 너무나도 어두워서 걷기조차도 힘듭니다. 잔뜩 겁을 먹고 더듬거리면서 조심조심 걷고 있는데, 뜻밖에 앞쪽에서 등불이 반짝이는 것이 보였습니다. 나그네는 그 등불을 향해서 걸어갔습니다.

등불 가까이 다가간 나그네는 깜짝 놀랐습니다. 등불을 든 사람은 앞을 보지 못하는 장님이었습니다. 나그네가 그 장님에게 물었습니다. "당신은 앞을 보지 못하는데, 왜 등불을 들고 다니십니까?" 장님이 대답했습니다. "나는 등불이 필요 없지만, 다른 사람에게는 도움이 될 것 같아 들고 나왔지요." 그러면서 그 나그네에게 가야 할 길을 자세히 설명해 주었습니다.

자신에게는 필요하지 않지만 캄캄한 밤길에 앞을 보지 못하여 답답해 할 사람들을 생각하면서 등불을 들고 나온 그 분의 모습은 참으로 진정한 감사의 생활이 어떤 것인지를 우리에게 교훈해 줍니다.

우리가 진정으로 믿음의 사람이라면, 우리의 믿음이 감사의 생활로 나타나야 합니다. 그런 나를 도구로 삼으셔서 많은 사람들을 행복하게 하며, 감사하는 믿음의 사람으로 만드는데 쓰임 받는 것에 기뻐할 수 있기 바랍니다.

이런 믿음이 있다면, 아무 것도 없고, 원하는 것은 하나도 이루어지지 않는다 하더라도 더욱 감사하며 살 수 있습니다.

이런 삶이야말로 진정으로 성숙한 감사의 생활이요, 이런 감사생활은 나를 진정으로 성숙한 믿음의 사람으로 만들어 줍니다. 성숙한 믿음은 하나님을 기쁘게 해서 하나님으로부터 더욱 큰 긍휼과 은혜를 입게 할 줄 믿습니다.

14. 감사는 내 안에 채워져야 할 것입니다

(골로새서 2:1-7)

　현대인은 대부분이 정신질환을 앓고 있는데, 그 질환의 공통적인 증상은 불만과 원망이라고 합니다. 많은 현대인들이 지나간 역사를 통틀어 가장 풍요롭고 가장 편리한 시대에 살고 있으면서도 만족하거나 행복하게 생각하기보다는, 오히려 궁핍하던 시대 보다 더 불만스럽고 불행한 삶을 살고 있는 것입니다.

　오늘날 사람들이 불행하게 사는 이유가 무엇입니까? 이유는 두 가지입니다. 하나는 남들과 비교해서 자기 스스로 불행한 삶을 산다고 생각하는 것이고, 또 하나는 원망하는 삶을 살기 때문입니다.

　만족스럽게 생각하지 못하고 늘 불만과 불평 속에 사는 사람들은 상대적인 가치를 인식하지 못하고, 항상 부족하다고 생각에 사로 잡혀 삽니다. 자기가 소유하고 있는 것으로 기뻐하지 않고 시시하게 여기고 부족하게 여기면서 언제나 다른 사람이 소유한 것을 보면서 자신을 학대하는 것입니다. 그러니 어떻게 만족할 수 있겠습니까. 다만 자기를 불행하게 만들 뿐입니다.

원망하는 삶은 책임의식이 없기 때문에 일어나는 것입니다. 무엇이든 지 잘못되면 다 남을 탓합니다. 그래서 책임을 미루는 것입니다. 내가 못 사는 것도 다른 사람 탓이고, 내가 실패한 것도 다른 사람 때문입니다. 내 가 부족한 것은 절대로 인정하지 않습니다. 그래서 자기를 영원히 돌아 볼 수 없고, 자기를 돌아보지 못하니 결단코 새롭게 되는 역사는 기대할 수 없습니다. 보다 나은 발전과 행복한 생활은 일어나지 않습니다. 이것 이 인간을 불행하게 만드는 것입니다.

그러면 현대인들이 가지고 있는 불평과 원망하는 정신병적인 문제들 을 어떻게 극복하고 보다 행복한 삶을 살 수 있습니까?

일찍이 사람들은 이 문제를 극복해 보려고 여러 가지로 노력을 하고 시도도 해 왔지만 세상의 방법으로는 해결할 수 없습니다. 어느 정도는 진전이 있을 것 같지만 역시 근본적인 부분에 들어가서는 다시 원점으로 돌아가고 맙니다. 왜냐하면 이 문제는 단순한 물질의 부족함에서 오는 문 제도 아니고, 정신적인 문제도 아니고, 전적으로 영적인 문제이기 때문입 니다.

인간의 영혼이 근본적으로 하나님을 떠나 있기 때문에 일어나는 문제 인 것입니다. 이것은 인간이 가진 죄에 기인한 문제인 것입니다.

죄 문제를 해결하러 오신 예수님을 부정하고 거부하기 때문에 해결이 안 됩니다. 불평불만과 원망으로 사는 인간을 만족함과 감사함으로 사는 행복한 인간으로 변화시키는 것은 하나님 앞에서만 가능하다는 말입니다.

본문 7절에서 사도 바울을 통하여 하나님께서 "교훈을 받은 대로 믿음에 굳게 서서 감사함을 넘치게 하라"(골 2:7)고 말씀하십니다.

우리의 삶을 온전히 감사함으로 채워 나가야 합니다. 이것이야말로 진정으로 행복한 삶을 살게 하는 근본적인 해결책입니다. 감사할 줄 아는 사람은 불평하는 법이 없습니다. 감사할 줄 아는 사람은 결코 원망하거나 책임을 다른 사람에게 미루지 않습니다. 하나님 주시는 은혜 안에서 감사하며 기뻐하며 살게 됩니다.

시편 30편 12절에서 "영영히 감사하리이다"라고 노래했습니다. 일시적으로 감사하는 것이 아니고 변함없이 지속적으로 감사함으로 채워 나가야 합니다. 범사에 감사함으로 채워 나가야 합니다(살전 5:18). '범사'란 말은 모든 일을 말합니다. "하나님이 지으신 모든 것이 다 선하므로 우리가 감사히 받으면 버릴 것이 하나도 없다"(딤전 4:4)라고 했습니다.

그러면 이런 감사를 어떻게 내 속에 채워 나갈 수 있습니까?

첫째는 믿음으로 내 속에 감사를 채우게 됩니다. 믿음이 없으면 감사를 채울 수 없습니다. 우리가 하나님 주시는 은혜에 대해 감사할 수 있는 것은 대체로 세 가지 차원에서 말할 수 있습니다. 하나는 물질적인 차원입니다. 건강주시고, 물질 주시고, 먹을 것 주시고, 입을 것과 살 집을 주시고, 좋은 친구와 이웃을 주신것으로 감사하는 것입니다.

그리고 두 번째는 이성적이고 철학적인 차원에서 감사입니다. 아는 것으로, 깨달은 것으로 감사하는 것입니다. 실제로 물질이 전보다 넉넉해진 것은 아닌데, 깨닫고 보니 그나마도 감사한 것입니다. 병든 내 몸이 나은 것이 아니지만, 그나마도 생각해보니 하나님의 은혜요, 주신 복임을 깨닫고 나서 감사하는 것입니다.

세 번째는 신앙적인 감사입니다. 이것은 믿고 감사하는 감사입니다. 오늘 예수님으로 인해 구원받았으니 감사하고, 내일도 영원한 생명을 보장해 주시니 감사한 것입니다. 지금은 아무 것도 없지만, 고난가운데 있고, 육신적으로는 병들고, 정신적으로 힘들고, 실패 속에서 헤어나지 못하여 어렵지만, 내일은 승리가 주어질 것이고, 보다 나은 삶이 주어지고, 영원한 평강과 기쁨을 소망하면서 믿으니 감사한 것입니다.

지금 육신이 건강하고 물질이 넉넉해도 내일 병이 들고 물질이 다 없어지고, 내 가정이 깨지고 불행하게 될 것이라고 한다면, 지금 아무리 많은 물질과 행복한 가정을 꾸리고 있어도 우리는 내일에 대한 불안 때문에 결코 감사할 수 없을 것입니다.

분명히 내일은 오늘 보다 더 행복할 것이라는 소망과 믿음이 있으니 감사할 수 있는 것입니다. 근본적으로 믿음이 뒷받침될 때 진정한 감사가 되는 것입니다.

"믿음에 굳게 서서 감사함을 넘치게 하라"는 말씀을 기억하고, 믿음으로 감사를 내 안에 채워 나가기 바랍니다. 그러면 그 믿음의 감사대로 이루어 주시는 하나님의 응답으로 내 생활 속에 채워 질 것입니다.

존 헨리(John Henry)라고 하는 목사님이 "감사는 최고의 항암제요, 해독제요, 방부제이다"라는 말을 했습니다. 감사함으로 내 안에 채울 때, 암으로 고통 받던 사람이 낫게 되고, 병든 자가 치유되는 능력이 일어나는 것입니다.

네 번째로 내 안에 감사를 채우기 위해서는 겸손해야 합니다. 감사는 믿음이 있어야 한다고 했습니다. 그러면 믿음은 누가 가질 수 있는 것입니까? 믿음은 겸손한 자만이 가질 수 있는 것입니다. 교만하면 결단코 믿음을 가질 수 없습니다. 따라서 감사는 겸손한 자만이 자기 안에 채울 수 있습니다.

사람이 교만하여 겸손하지 못하면 은혜를 받아도 당연히 받을 것을 받았다고 생각합니다. 교만한 마음을 가지면 받아야 할 것을 받지 못하고 산다는 의식을 가지고 있기 때문에 절대로 감사하는 마음을 가질 수 없습니다.

마음이 교만하니 다 자기가 이룬 것이고, 자기가 성취한 것이라 여깁니다. 그러니 감사할 이유도 없습니다. 우리가 살다가 문득 불평이 나오면 "내가 믿음이 없어서 그렇구나"하고 깨달아야 합니다.

생활하다가 문득 원망이 나오면 "내가 겸손하지 못하구나"하고 깨달아야 합니다. 교만한 마음은 우리로 하여금 감사함으로 채우지 못하게 합니다. 믿음 없는 생활도 역시 감사의 삶으로 채우지 못합니다. 사람에 대해서는 말할 것도 없고 하나님께 대해서도 감사하지 않습니다. 그래서 인생을 불행하게 만들어 가는 것입니다.

더욱 우리의 자세를 겸손하게 낮추어서 하나님 앞에서 아무 것도 아님을 고백하며, 하나님께서 도우시니 살 수 있고, 하나님 인도하시니 할 수 있음을 고백하면서, 겸손함으로 감사하는 생활로 나를 채워서, 더욱 복되고 범사에 능력 있는 삶을 사는 풍성한 생활이 되도록 해야 할 것입니다.

15. 감사는 준비를 잘 해야 하는 것입니다

(데살로니가전서 3:6-10)

2001년 9월 11일 미국 맨하탄에 있는 세계무역센타가 테러로 무너져 내렸습니다. 그때 많은 사람들이 생명을 잃었습니다. 그 무너진 잔해 속에서 마지막으로 살아남은 사람은 1관 64층에서 일하는 지넬 구츠만 (Genelle Guzman)이란 31세의 여자입니다.

그녀는 잔해 속에서 27시간동안 꼼짝하지 못하고 갇혀 있다가 구출되었습니다. 그녀의 고백에 의하면 완전히 절망적인 상황 속에서 하나님께 기도하지 않을 수 없었다고 합니다. 그렇게 기도하기를 얼마나 했는지 알 수 없는 가운데 구조원들의 외치는 소리를 듣게 되었습니다.

'폴'이라고 불리는 구조원의 손이 자기에게 뻗쳐졌고 그녀는 그 구조원의 손을 굳게 붙들고 있는 가운데 결국에는 구조가 되었습니다. 지넬이 구조되어 병원에서 회복을 하고 난 뒤에 자기가 그렇게 두렵고 힘들때에 손을 내 밀어 붙들어 주면서 다정하게 "살 수 있다"라고 말하면서 용기를 주었던 '폴'이란 사람에게 감사를 전하려고 찾았습니다. 하지만 그 지역 구조대원 가운데 '폴'이란 이름을 가진 대원은 어디에도 없었다는 것입니다.

지넬은 그 폴이란 구조대원이 가장 두렵고 어려울 때 강한 팔로 붙들어 주신 하나님이심을 깨닫게 되었다고 간증했습니다. 이 경험은 지넬로 하여금 자기의 생명을 굳게 지켜 주신 하나님께 항상 감사하며 사는 삶이 되게 해 주었습니다. 그 해 추수감사절은 지넬에게 너무나도 감격적인 감사절이었다고 합니다.

우리가 감사하는 삶을 살기 위해서는 늘 준비되어 있는 상태가 되어야 합니다. 감사에 대한 준비된 마음이 감사하게 만들고, 그 감사가 진실한 감사가 되고, 감사의 역사를 가져오게 합니다.

사람이 살면서 준비한다는 것은 아주 중요합니다. '유비무환'(有備無患)이란 말도 그래서 있습니다. 잘 준비가 되어 있으면 어려움이 없습니다. 준비가 잘 되면 모든 일에 거침이 없고 형통합니다.

이런 생활은 영적인 생활에도 마찬가지입니다. 믿음의 삶을 사는 사람들이 항상 영적으로 준비가 되어 있다고 한다면, 어려움이 있을 수 없습니다. 그리고 어려움이 온다하더라도 잘 해결하고 이겨낼 수 있습니다.

준비를 잘 한다는 것은 사모하고 바라는 마음을 갖게 하는 중요한 자세입니다. 하나님께서는 이렇게 사모하고 바라는 마음을 기쁘게 받으시고, 그 바라는 바를 채우시며, 사모하는 것들을 이루어 주시기를 즐겨하십니다. 아무 준비도 없이 주님 앞에 나오는 사람과 잘 준비를 하고 나오는 사람은 벌써 그 자세가 다릅니다. 자세만 다른 것이 아니고 받는 은혜도 다릅니다.

우리의 예배는 위대하신 하나님, 감히 우러러 볼 수 없는 여호와 하나님께 드리는 예배입니다. 당연히 준비된 자세로 하나님 앞에 서야 합니다. 우리가 대통령 앞에 설 때도 옷매무새를 가다듬고, 마음에 준비를 하고, 어떻게 행동을 할 것인가를 생각하고, 몇 일 전부터 밤잠을 설치며 생각하고 준비를 할 것입니다.

대통령과는 비교도 할 수 없는 전능하신 하나님 앞에 드리는 예배일진데, 아무 준비 없이 선다는 것은 말이 안 됩니다. 그런데 그렇게 말이 안 되는 행동을 우리들은 아무 생각 없이 반복하고 있습니다.

우리가 어떻게 감사를 준비해야 합니까? 첫째, 우리들은 무엇이 감사한지 헤아려 보면서 준비해야 합니다.

본문에서 사도 바울은 데살로니가 교회 성도들에게 그들의 헌신과 봉사에 대해서 칭찬을 하면서 데살로니가 성도들의 아름다운 마음들로 인하여 환란과 궁핍 속에 있지만 위로를 받고 용기를 얻을 수 있었음을 전합니다(6,7절). 그러면서 데살로니가 성도들을 향하여 "무엇으로 보답하며 감사해야 할꼬"라고 말하고 있습니다(9절).

사도 바울은 데살로니가 교회 성도들의 마음들을 헤아려 보므로 그들에게 대해 감사해야 할 것이 참으로 많다는 사실을 밝히고 있습니다.

우리가 하나님께 대해서도 나를 위해 무엇을 해 주셨는지 생각해 보면,

모두가 다 감사할 것 밖에 없다는 사실을 발견할 수 있습니다. 찬송가 489장에서 오트만(J. Oatman Jr.) 목사님은 "받은 복을 세어 보아라 크신 복을 네가 알리라"고 노래했습니다.

세상사는 동안에 많은 어려움과 낙심과 슬픈 일을 만납니다. 그런 상황에서 사람들은 누구나 다 '내게는 아무도 없다'고 느끼게 됩니다. 그럴 때 조용히 눈을 감고 이제까지 사는 동안 주님께서 내려주신 복을 생각해 보십시오. 그러면 반드시 우리의 슬픔은 감격의 눈물로 바뀌고, 깊은 좌절과 탄식의 한숨은 소망의 외침으로 바뀌며, 원망과 불평의 소리는 감사의 찬양으로 바뀌게 됩니다.

받은 복을 헤아려보면, 의외로 감사할 것이 너무나도 많다는 사실을 발견하게 됩니다. 좋았던 것도 감사하고 나빴던 것도, 고통스러웠던 것도 감사할 것뿐입니다. 좋았던 것은 기쁨 주니 감사하고, 고통스럽던 것은 더욱 하나님을 바라보게 해서 감사하고, 더욱 하나님을 가까이 하게 하시니 감사한 것입니다.

두 번째로, 지금까지 얼마나 감사하며 살았는지 돌아보면서 준비해야 합니다. 우리가 감사를 잘 하고 사는 것 같지만 따지고 보면 사실은 감사하지 못하고 삽니다. 오히려 불평하고 살 때가 더 많습니다.

어떤 사람은 아예 얼굴에 불만이 가득함을 노골적으로 드러내고 사는 사람도 있습니다. 이마와 눈 사이 미간에 내 천자(川)가 그려져 있습니다. 인상이 감사함으로 가득 찬모습이라고 할 수 없습니다.

가끔은 감사한 마음이 생겨서 오랜만에 감사를 표시하려고 하면, 그나마도 비아냥거리는 소리로 들리게 됩니다. 사람들의 눈에 감사하는 모습이 별로 보여 지지 않았기 때문입니다. 그리고 감사의 생활이 익숙하지 않기 때문에 감사하려고 해도 쑥스럽습니다.

셋째, 무엇으로 감사할지 깊이 생각하며 준비해야 합니다(10절). 성경에서는 토지소산의 만물, 처음 익은 것을 가지고 나와서 하나님께 감사하라고 했습니다. 찬송하며 노래하며 하나님께 감사하라고 했습니다(시 100:1). 하나님께서 행하신 모든 일들로 인하여 전파하며 그 기사를 말하며 감사하라고 했습니다(시 105:2).

또한 우리가 하나님께 감사할 때 잊지 말아야 할 것들이 있습니다. 첫째, 온전한 마음으로 감사하는 것을 잊어서는 안 됩니다(골 3:16). "시와 찬미와 신령한 노래를 부르며 마음에 감사함으로 하나님을 찬양하고"라고 했기 때문입니다.

마음의 감사는 우리의 영혼이 감사하는 것입니다. 영혼의 감사는 감정적인 감사와는 질적으로 다릅니다. 이성적인 감사와도 물론 다릅니다. 영혼의 감사는 신령한 은혜가 아니면 감사할 수 없는 것입니다. 하나님께서 우리의 감사를 받으시고 복을 내려 주시는 것은 바로 이런 진실한 감사, 영혼의 감사를 말합니다.

잠언 4장 23절에서 *"무릇 지킬만한 것보다 더욱 네 마음을 지키라 생명의 근원이 이에서 남이니라"*고 했습니다. 마음에서 감사와 찬송을 하면 생명이 넘쳐나고 신령한 복이 넘쳐납니다. 그러나 마음에서 원망과 불평이 나오면 사망과 저주가 충만해 집니다.

둘째, 우리가 하나님 앞에 감사할 때 기억해야 할 것은 감사하는 말을 해야 한다는 것입니다(엡 5:4).

말만으로 형식적으로 하라는 것은 아닙니다. 감사를 외적으로 표현하라는 말입니다. 우리가 설령 빈말이라도 감사하다고 표시하면 가만히 있는 것보다는 한결 부드럽고 좋습니다.

에베소서 5장 4절 말씀에 "예수님의 은혜로 구원받은 성도들은 반드시 감사하는 말을 해야 한다"(giving of thanks)라고 했습니다. 감사하는 말을 해 주라는 뜻입니다.

내게 좋은 일이 생기고 기분이 좋으니 감사하라는 말이 아니고 그때는 물론이고 내게 좋지 못한 일이 생기고, 손해되는 일이 일어나도 감사하는 말을 해 주라는 것입니다. 이것이 성도들이 해야 할 감사의 말입니다.

좋은 일이 생기고 기분 좋은 일이 있어 감사하다고 말하는 것은 예수 안 믿어도 하고, 불량배도 하고, 우상 숭배하는 사람들도 하는 말입니다. 그러나 예수 믿는 사람들만이 내게 손해가 되어도 감사하는 말을 할 수 있습니다. 성경에서는 이것을 '신령한 말'이라고 했습니다.

셋째로 우리가 감사할 때 기억해야 할 것은 "보답하며 감사해야 한다"는 것입니다(10절). 공자 선생님께서 가장 싫어하는 사람 네 종류가 있었습니다.

1) 다른 사람의 실패를 기뻐하는 인간.

2) 자기 앞에서는 "예"하면서 돌아서서 헐뜯는 인간.

3) 난폭함을 용기로 착각하고 사는 인간.

4) 배은망덕한 인간.

이 네 종류의 인간 가운데 가장 싫어한 인간은 바로 배은망덕한 인간이라고 했습니다. 은혜를 입었으면 보답할 줄 아는 인간이 되어야 한다는 말입니다.

본문에서 바울도 데살로니가 성도들의 배려에 대해 *"너희를 위하여 능히 어떠한 감사함으로 하나님께 보답할꼬"*라고 했습니다. 시편116편 12절 말씀에서도 *"여호와께서 내게 주신 모든 은혜를 무엇으로 보답할꼬 내가 구원의 잔을 높이 들고 여호와의 이름을 부르며 여호와의 모든 백성 앞에서 나의 서원을 여호와께 갚으리로다"*라고 했습니다.

하나님께서 베풀어주신 은혜를 생각하며 그 은혜에 보답하는 감사는 우리 믿음의 실천이요, 살아 있는 신앙입니다. 이런 신앙에서 역사가 나타납니다(약 2:17,26).

우리가 주님 은혜에 감사하며 보답할 수 있는 최상의 것은 온 마음을 다하여 하나님께 나와서 감사하며 찬송하며 영광을 돌리는 예배입니다. 하나님께 예배를 드릴뿐 아니라, 추수한 것을 들고 나와서 "이것은 하나님께서 복으로 주신 것입니다"라고 고백하며 하나님께 드릴 때 그 감사는 더욱 온전한 감사가 됩니다.

주님 은혜에 보답하는 마음으로 정성을 다한 예물과 물질을 가지고 하나님께 감사하면 하나님께서 받으시고, 필요한 것에 부족함이 없도록 더하여 주십니다.

빌립보 성도들이 하나님 앞에 드리는 마음으로 귀한 물질을 종들의 사역을 위하여 드렸을 때, 사도 바울은 "그것이 뜻밖에도 하나님 앞에 받으실 만한 향기로운 제물이 되었고, 그것이 풍성한대로 너희 모든 쓸 것을 채우게 될 것이라"고 축복했습니다(빌 4:19).

16. 감사는 놀라운 것으로 채워지는 능력입니다

(출애굽기 15:22-26)

변변치 못한 월급을 받지만 신앙생활을 참 즐겁게 하는 성도가 있습니다. 적은 월급이지만 하나님 앞에 최선을 다하여 바치는 것을 기뻐했습니다. 더 많이 드리지 못함으로 늘 안타까워했습니다.

동료들이나 이웃들이 볼 때는 이해할 수 없는 부분들이 보였습니다. 자기들은 받은 월급으로 한 달이 다 가기 전에 이미 돈이 떨어져서 이리저리 꾸며 삽니다. 하지만 그 성도는 십일조라고 떼고, 감사헌금이라고 떼고, 선교헌금이라고 떼고, 주일헌금이라고 떼고, 거기다가 건축 헌금한다고 떼고, 남선교회 회비 낸다고 떼고, 불우한 이웃을 돕는 일에 떼고, 교회학교 학생들 선물 사준다고 떼어냅니다. 그 외에도 수시로 교회에 헌금한다고 이런 저런 명목으로 받은 월급에서 이리저리 떼어 냅니다. 그렇게 떼어 내는데도 도무지 다른 사람에게 꾸러 다니는 것을 보지 못합니다. 오히려 동료들이 어렵다고 하면 이런저런 내용으로 도와줍니다.

동료들이 하도 신기해서 "자네는 적은 수입으로 그렇게 헌금을 하고,

남들 도와주면 생활이 힘들 텐 데 온 가족이 다 행복해 보이고 꾸지 않고 살 수 있는 비결이 뭔가?"라고 물어 보았습니다.

그 성도가 대답하기를 "내 수입에서 한 삽을 푹 떠서 하나님께 바치면 하나님께서도 한 삽 푹 떠서 내게 주시거든요. 하나님과 나는 한 삽씩 떠서 주고받지요. 그런데 내 삽은 매우 작고 보잘 것 없지만, 하나님의 삽은 상상 할 수 없을 정도로 큰 것이지요. 그래서 쓰고도 남는 거예요"라고 하였습니다.

은혜를 알고 믿음의 눈으로 세상을 보고 사는 사람은 언제나 감사의 삶을 삽니다. 그러나 은혜를 모르고 이성의 눈으로 세상을 보고 사는 사람은 결코 감사의 삶을 살 수 없습니다.

한 번은 가까운 이웃 교회 어느 교인이 이야기해 주었습니다. 사업을 하다보면 주일 지키는 일이 참으로 힘들고 어렵다고 합니다. 한번은 주일이 되어서 교회에 오려고 하는데, 전화가 와서 월요일에 만나기로 약속한 상담이 급한 일로 오늘 만나서 했으면 좋겠다는 연락이 왔습니다. 상당히 큰 계약 건이라서 어떻게 하나 생각하는데, 갑자기 주일을 잘 지켜야 한다는 목사님 말씀이 생각이 났다고 합니다.

그래서 주일이라 예배를 드려야 한다는 것을 말하고, 약속 시간을 좀 늦추었으면 좋겠다고 했는데, 상대 쪽에서도 좋게 여겨서 오후 시간으로 약속을 했습니다.예배를 다 드리고 나서 좀 늦게 손님을 만났습니다. 그런데 놀라운 일이 생겼습니다. 그 날 손님을 만나 사업이야기를 하고 난 뒤에 서로 이야기가 잘 되면, 미국에 있는 본사로 가서 계약을 하기로 했는데, 그 날 이야기가 너무 잘 되어서 아예 그 자리에서 계약을 했다고 합니다.

그 계약으로 미국에 가는 시간을 절약하게 되었고, 비용도 절약하게 되었고, 힘도 덜 들게 되었다고 하면서 "참으로 하나님 하시는 일이 놀랍다"라고 했습니다.

우리가 하나님께 드리는 것은 적은 것이지만 하나님께서 우리에게 주시는 것은 엄청나게 크고 좋은 것입니다. 적은 것으로 하나님께 감사드리면 하나님은 엄청나게 큰 것으로 다시 채워 주십니다.

변화시켜 주심에 감사

이스라엘 백성들이 애굽 땅 종 되었던 곳에서 고통을 받고 있었을 때, 하나님께서 그 백성들의 부르짖음을 들으시고, 모세를 보내서 바로의 강팍한 마음을 꺾고 이스라엘 백성들을 가나안 땅으로 인도하기 위해 광야로 이끌어 나왔습니다.

백성들이 홍해를 건너고 수르 광야로 들어섰습니다. 사흘 길을 행하였지만 어디에도 물은 없었습니다. 광야 길에서 삼일 동안 물을 마시지 못했으니, 백성들의 갈증이 얼마나 컸겠습니까. 마침 한 곳에 이르렀는데, 물이 있었습니다. 백성들이 기뻐하려다가 그 물이 너무 써서 마실 수가 없었습니다.

그러자 드디어 백성들의 마음에 불평이 폭발하고 말았습니다. 모세를 원망하면서 "우리가 무엇을 마셔야 하느냐?"고 울부짖었습니다.

먹는 문제도 급한 일이지만 마실 물이 없다는 것은 더 급하고 중한 것입니다. 먹는 것은 며칠 없어도 견딜 수 있습니다. 그러나 물은 며칠 못 마시면, 탈수현상이 생겨서 사람의 생명에 지대한 손상이 옵니다.

사람의 몸은 70% 이상이 수분입니다. 몸에 축적된 수분한계선이 70%인데, 그 70%에서 2%가 모자라면 갈증이 생기게 됩니다. 그래서 시중에 나온 음료수 가운데 '2%'란 것이 있는데, 그 2%란 의미는 바로 이 뜻입니다. 2%가 모자라서 갈증이 생기면 이 음료수를 마시라는 상술입니다.

갈증을 느끼게 되는 2%에서 더 이하로 내려가면 그 때부터 탈수현상이 나타납니다. 탈수현상이 깊어지면, 점점 정신이 혼미해지다가 결국 죽습니다. 그래서 조난사고가 났을 때, 주변에 마실 물이 있으면 오래 버틸 수 있고, 마실 물이 없으면 얼마 가지 못해서 죽습니다.

광야에서 물을 얻지 못하다가 겨우 물을 만났는데, 써서 마실 수가 없으니 백성들의 짜증과 불평이 극에 달한 것입니다.

백성들의 불평과 원망의 소리가 커지자, 지도자 모세는 하나님께 엎드려 간구 했습니다. 그러자 바로 하나님께서 한 나무 가지를 지시하시면서 그 가지를 꺾어 그 쓴 물에 넣으라고 했습니다. 모세가 하나님의 말씀을 따라 행했더니 놀랍게도 즉시로 그 쓴 물이 단물로 변하고 말았습니다.

하나님께서는 이 사건을 통하여 육신의 것들로 연연하지 말고, 중요한 것은 하나님을 바라보고, 하나님의 말씀을 잘 듣고, 순종하여 성도다운 삶을 살아야 한다고 말씀하시는 것입니다.

이렇게 하나님을 바라보고 살면, 인생의 길에 불평과 원망할 일이 없고, 감사하며 찬송하며 하나님의 위대하심을 항상 경험하며 복되게 살 수 있습니다.

마라에서 얻은 물은 쓴 물이었습니다. 그러나 하나님의 역사로 단물이 되었습니다. 마라에서 얻은 물은 불평과 원망의 소리를 하게 했습니다. 그러나 하나님께 엎드렸을 때 감사와 기쁨의 소리로 달라지게 했습니다.

마라에서 얻은 물은 일시적인 기쁨을 주다가 금방 실망과 고통을 안겨 주는 물이었습니다. 하지만 하나님의 지시가 있은 후에는 희망의 물이요, 생명의 물이요, 즐거움의 물이 되었습니다.

비록 모세의 기도와 수고가 있었지만, 이렇게 변화의 역사를 가져오게 한 분은 하나님이셨습니다. 그래서 시편 기자는 "홍해를 가르시고… 광야를 통과하게 하시고… 모든 육체에게 먹을 것을 주신 이에게 감사하라. 그 인자하심이 영원함이로다"(시 136:13,16,25)라고 노래했습니다.

하나님의 선하심과 인자하심은 진실로 영원합니다. 그 하나님을 생각하면 영원토록 감사하고 찬양할 수밖에 없습니다.

가까이에 있는 감사

마라에서 얻은 물을 통하여 우리는 감사할 것들이 항상 가까이 있음을 배울 수가 있습니다.

본문에서 모세가 기도하였을 때 하나님께서는 모세에게 옆에 있는 나무 가지를 꺾어 물에 넣으라고 말씀하셨습니다. 모세가 하나님께서 지시하신 그 나무 가지를 꺾어 물에 넣었더니 쓴 물이 달게 되었다고 했습니다.

옆에 있는 나무 가지, 항상 함께 하고 있는 나무 가지는 하찮은 것이지만, 하나님께 엎드리고, 순종할 때 그것으로 역사가 나타나고, 감사가 생겼습니다.

하나님께서는 우리에게 이미 문제의 해결책을 다 주셨다는 것입니다. 쓴 물이 있었지만 그곳에 쓴 물을 달게 하는 나무 가지도 있었습니다.

사람들은 문제는 보면서, 문제의 해결책은 보지 못합니다. 감사의 마음이 없고 불평하는 마음만 있기 때문입니다. 그래서 사람들은 가지고 있는 것을 보지 못하고 당장 필요한 것을 얻지 못해 원망하고 불평하고 불행해 합니다. 인간의 욕심이 자기에게 있는 것을 보지 못하게 하고 불평하며 원망하며 불행한 삶을 살게 하는 것입니다.

미국에 헐스트라는 언론인이 살았습니다. 그는 신문 편집인이었는데, 고미술품을 수집하는 일에 상당한 취미를 가지고 있었습니다. 오래된 좋은 미술품은 반드시 손에 넣고야 마는 수집광이었습니다.

한번은 그의 귀에 유럽의 왕가에서만 사용되었다고 하는 신기한 도자기에 대한 이야기가 들려왔습니다. 그 말을 듣는 순간 이미 그의 마음이 움직이기 시작했습니다. '그 도자기를 반드시 손에 넣어야겠다'고 마음을 먹었습니다. 그래서 유럽 전역을 돌아다니기 시작했습니다. 추적에 추적을 하면서 여러 해 엄청난 노력을 했습니다.

그러던 어느 날, 드디어 그 도자기의 행방에 대한 실마리를 찾았습니다. 그 도자기는 이미 오래 전에 미국의 어떤 언론인 출신의 사업가에게 팔려갔다는 정보를 입수했습니다. 그래서 그 언론인 출신의 사업가가 누구인지 추적했습니다. 열심히 찾아다닌 결과 그 도자기를 사간 사람이 바로 자기 자신임을 알았습니다.

이미 자기 손에 들어 온 도자기인데도 탐욕스러운 마음이 알지 못하게 하였고 그렇게 오랫동안 고생하며 수고하게 했던 것입니다.

마음의 욕심이 하나님께서 이미 주신 은혜를 보지 못하게 합니다. 하나님께서 이미 내게 주신 것을 깨닫지 못하게 합니다. 그래서 항상 불평하고 불행해 합니다. 조금만 욕심을 버리면, 이미 하나님께서 내게 주신 엄청난 것들을 발견하게 되고 그것으로 충분히 감사하며 행복한 삶을 살 수 있습니다.

예수님께서 "너희는 무엇을 먹을까, 무엇을 마실까, 무엇을 입을까 염려하지 말라"고 하셨습니다.

하나님께서는 그의 백성들이 무엇을 필요로 하는지, 그 모든 형편과 사정을 다 아시는 분이십니다. 그러므로 은혜의 하나님, 선하시고 인자하신 하나님께 감사하며 살면, 쓴 물이 단 물 되게 하신 것 같이 인생의 쓰고도 쓴 고통스러운 상황을 달콤하고 기쁜 인생으로 변화시켜 주십니다.

감사의 눈으로 돌아보면, 가까운 곳에 내가 필요로 하는 모든 것을 하나님께서 이미 예비해 놓으신 것을 발견하게 됩니다.

감사의 눈으로 옆에 있는 아내와 남편, 자녀들, 직장 동료들, 부모님 그리고 늘 위해서 기도해 주시는 사랑하는 성도들을 바라보시기 바랍니다. 가까이에 하나님께서는 감사할 것들을 준비해 놓으셨습니다.

불행하게 여기는 것들에 감사를 넣으면 달콤하고 행복하게 만들어 주는 마라의 단물처럼 될 줄 믿습니다.

문제가 해결되고 쓴 물이 단물 되는 놀라운 역사를 날마다 경험하며, 이렇게 놀라운 것으로 나를 배려해 주신 영원하신 하나님의 선하심과 인자하심에 감사하며 사는 성도들의 삶이 얼마나 멋집니까!

17. 감사는 하나님이 선물로 주신 마음입니다

(욥기 1:13-22)

제가 신학교를 졸업하는 해에 5.16 혁명 주도 세력 중에 한 사람이었던 사람을 알게 되었습니다. 그 분은 혁명으로 권력을 잡아서 많은 이득을 얻은 사람이었습니다. 하지만 대통령에게 너무 총애를 받다 보니, 그것을 시기한 사람들이 모함을 했습니다. 결국 대통령의 눈에 나서 갑자기 많은 것을 잃게 되었습니다.

그 분은 모든 것을 잃었다고 했지만 제가 보기에는 여전히 많은 것을 소유하고 있는 사람이었습니다. 그 분은 그 일로 인하여 얼마나 상심하였는지 저에게까지 하소연을 하면서 억울함을 호소했습니다. 자기를 배척한 대통령과 음해한 사람들을 원망하였습니다.

그 분을 다른 사람들이 "참으로 믿음 좋은 기독교인이다"라고 했지만 그분의 부인은 그 일 때문에 먼저 화병으로 죽고 그분도 죽을 때까지 불평과 원망 속에서 살다가 죽었습니다. 참으로 불행한 삶이었습니다. 이렇게 믿는 사람들도 감사하는 것이 쉽지가 않습니다.

동방의 의인이라고 불리는 욥은 끝까지 감사의 마음을 잃지 않고 살았습니다.

본문에서 욥은 '밤새 안녕'이라고 하루 밤사이에 모든 것을 잃었습니다. 소유와 자식들까지 연이어 잃어 버렸습니다. 얼마나 기가 막히고 마음이 아프고 괴롭겠습니까. 욥은 그럼에도 불구하고 "하나님께 경배하고 예배하며 하나님을 찬송할지어다"라고 했습니다. 욥은 진실로 하나님의 선물인 감사의 마음을 소유한 사람임에 틀림이 없습니다.

하나님께서 인간에게 많은 선물을 주셨습니다. 살펴보면 하나님께서 주신 선물이 아닌 것이 없습니다. 심지어는 성령님까지 선물로 보내주셨습니다(행 2:38).

하나님께서 우리에게 주신 선물들은 모두가 다 한 결 같이 귀하고 좋은 것들이고, 소유한 사람들에게는 큰 복입니다. 그 많고 귀한 복들 중에서도 가장 귀하고 큰 선물은 욥이 품고 살았던 '감사의 마음'입니다.

50년 동안이나 전신 마비로 병상에 계시던 분이 있습니다. 말이 50년이지 십대 때부터 병으로 몸이 마비되어 병상에 누워 50년을 지낸다는 것은 보통 일이 아닙니다. 그러나 이상하게도 누구든지 그 사람을 만나고 나면 모두가 다 감동을 받는다고 합니다.

그 분은 언제나 감사의 마음을 품고 살기 때문이었습니다. "장차 하나님 나라에 가면 건강한 몸으로 살 수 있다는 믿음을 가지니 매일매일이 감사한 것 뿐입니다"라고 그분은 고백합니다. 이 사람에게 감사의 마음은 매일 건강하고 기쁘게 살아 갈 수 있는 힘이었습니다.

우리나라 어린이들이나 청소년들에게 한자를 가르치면서 몸과 마음도 닦을 수 있도록 만든 '명심보감'이란 책이 있습니다. 명심보감에 "몸에 한 가닥 실오라기가 있거든 베 짜는 여인을 생각하고 하루 세끼 밥을 먹었거든 농부의 수고를 생각하라"는 말이 있습니다. 누군가의 수고와 희생으로 내가 풍요를 누리고 평안하게 생활하고 있음을 잊지 말고 감사의 마음을 가지라는 교훈입니다.

하나님께서 선물로 주신 감사의 마음은 우리의 마음에 보물과 같은 작용을 해서 우리의 삶의 질을 높여 줍니다.

요즘 사람들이 자주 쓰는 말 가운데 '웰빙'(Well-Being)이란 말이 있습니다. 웰빙은 물질적 차원만이 아닙니다. 오히려 웰빙은 우리의 마음에서부터 나오는 것입니다.

아무리 공기 좋은 전원에서 좋은 집을 짓고, 건강에 좋다는 음식을 먹으면서 살아도, 그 마음에 불평과 원망이 가득 차 있으면 웰빙이 못됩니다. 그러나 비록 공기도 좋지 못하고, 먹는 것도 변변치 못하지만, 그 마음에 감사의 마음이 가득 차 있으면 웰빙은 저절로 됩니다. 이렇게 감사하는 마음은 우리의 삶의 질을 훨씬 높여주고 넉넉하게 해 줍니다.

어떤 여학교 선생님께서 학생들과 같이 학교 뒷산에 올라갔다 왔습니다. 교실로 돌아 온 후에 학생들에게 뒷산에 갔다 와서 느낀 점을 말해 보라고 했습니다.

한 학생은 말하기를 "어쩌면 그렇게 뒷산이 더럽고 지저분한지 모르겠습니다. 쓰레기가 여기저기 있고, 더러운 파리들이 들끓고 있어서 너무나도 불쾌했습니다"라고 했습니다.

그러자 다른 한 학생이 일어나서 말하기를 "선생님 저는 뒷산에 핀 들국화를 보았습니다. 너무 예쁘고 아름다웠습니다. 저는 우리 학교에 뒷산을 주신 하나님께 감사했습니다"라고 했습니다.

학생들의 말을 들은 선생님이 '두 아이'라는 글을 썼습니다. "이 두 아이는 평소의 삶이 너무 달랐습니다. 한 아이는 불만스럽고 짜증스럽게 살고, 한 아이는 늘 명랑하고 행복하게 살고 있습니다"라는 글이었습니다.

감사의 마음에는 비록 쓰레기가 있고 냄새나고 더러운 것이 있어도 언제나 아름다운 세상의 모습을 봅니다. 그러니 삶이 아름다워 질 수 밖에 없습니다. 감사의 마음을 갖는다는 것은 가장 귀한 보물을 지니고 사는 것입니다.

세상에는 언제나 두 가지 상반되는 모습들로 가득 채워져 있습니다. 그래야질서가 유지되기 때문입니다. 이 두 가지가 지나치게 편중되거나 치우치지 않아야 합니다. 언제나 적당하게 조화를 이루면 세상은 너무나도 아름답습니다. 그래서 성경에도 "합력하여 선을 이룬다"라고 한 것입니다.

파리와 구더기가 얼마나 흉합니까. 곰팡이가 얼마나 불쾌합니까. 그러나 그것들이 있어서 세상은 항상 깨끗하게 유지가 되는 것입니다. 파리,

구더기, 곰팡이가 없으면 세상은 온통 쓰레기와 사체들로 가득 차서 살 수가 없을 것입니다.

미국 어느 마을에서 쇠똥구리들이 너무 많아서 농부들이 귀찮다고 2년 연속 독한 약을 쳐서 대대적인 박멸작업을 펼쳤습니다. 그러고 나니 동네가 깨끗해 졌습니다. 그런데 그 다음해부터 이상하게도 온 동네에 쇠똥으로 덮이기 시작했습니다. 냄새가 나기 시작합니다. 사방에 쇠똥으로 가득 했습니다. 치워도, 치워도 소가 있는 한은 쇠똥이 없어질 리가 없습니다.

축산업으로 사는 마을이라 소를 없앨 수는 더 더구나 없었습니다. 결국 사람들이 할 수없이 다시 다른 동네에 가서 쇠똥구리들을 잡아 와서 마을에 풀어놓았습니다. 한 해가 다 지나갈 무렵에는 쇠똥들이 완전히 사라지기 시작했습니다. 쇠똥구리를 잡아먹는 새들도 찾아왔습니다. 동네는 다시 깨끗하고 새들이 노래하는 아름다운 동네로 회복되었다고 합니다.

세상에는 항상 이렇게 양면성을 가지고 있습니다. 좋은 것이 있고 나쁜 것이 있습니다. 슬픔과 기쁨, 약점과 강점, 더럽고 악한 것이 있고 깨끗하고 좋은 것이 있습니다. 손해도 있고 이익도 있습니다. 흐리고 비오는 날이 있고, 맑고 화창한 날도 있습니다. 절망도 있고 희망도 있습니다.

이 두 가지 면들이 다 있어야 사람이 살 수 있습니다. 소망이 없으면 사람들이 자살합니다. 그렇다고 절망이 없어도 사람들은 너무 세상이 건조하고 그날이 그날 같아 자살합니다. 적당하게 긴장도 하고 절망할 일도 있어야 도전의식을 가지고 살 수 있는 것입니다.

세상에는 좋은 것이 있고 나쁜 것도 있습니다. 이 좋고 나쁜 것이 따로 떨어져 있는 것이 아니고 붙어 있습니다. 좋은 것이 나쁜 것도 될 수 있고 나쁜 것이 좋은 것도 될 수 있습니다.

중요한 것은 어떤 것이든 감사의 마음이 있다면 복이 되고 좋은 것이 됩니다. 하나님 주신 감사의 마음을 가질 때 나쁜 것도 좋게 보이고 부정적인 것도 긍정적으로 보입니다. 절망적인 형편도 희망적인 형편으로 다가옵니다.

"하나님 주신 모든 것이 선하므로 감사히 받으면 버릴 것이 없다"(딤전 4:4).

창세기에 요셉이야기가 나옵니다. 그는 형들의 시기와 미움으로 애굽에 종으로 팔려갔습니다. 시위대장 보디발의 집에서 하인으로 있을 때에, 보디발의 아내의 집요한 유혹을 받았지만, 그는 끝까지 주인에게 충성스럽고 성실하게 처신해서 자기를 지켰습니다. 하지만 그 일로 보디발의 아내가 요셉이 자기에게 희롱을 했다고 뒤집어 씌워서 옥에 갇히게 했습니다.

요셉은 얼마나 억울한 일생이었습니까? 세상에 이렇게 '25시' 같은 인생이 또 어디 있겠습니까? 생각할수록 기구한 인생이요, 비극적인 인생입니다.

그러나 이런 시련의 길을 걸으면서도 그는 한 마디 불평이나 원망을 한 일이 없었습니다. 오히려 그는 겸손하게 자기에게 다가온 모든 시련들을 묵묵히 받아 들였습니다.

그런 요셉에게 결국 주어진 것은 애굽의 총리대신이라는 높은 자리였습니다. 요셉을 통해 애굽의 백성들은 물론이고, 온 세계 백성들이 7년 대기근에서 굶주리지 않고 살 수 있었습니다.

나중에 요셉이 자기를 애굽에 노예로 판 형들에게 "당신들이 나를 이곳에 노예로 팔았으므로 근심하지 마소서, 한탄하지 마소서, 하나님이 생명을 구원하시려고 나를 당신들 앞서 보내셨나이다. 그런즉 나를 이곳에 보낸 자는 당신들이 아니라, 하나님이시라, 하나님이 나를 바로의 아비로 삼으시고, 그 온 집의 주로, 애굽 온 땅의 치리자로 삼으셨나이다"(창 45:5,8절)라고 했습니다. 그가 얼마나 고귀한 마음을 품고 살았는지 알 수 있습니다.

요셉은 감사의 마음으로 하나님의 뜻을 이루었습니다. 감사의 마음으로 자기의 기구한 인생길을 복되게 만들었습니다. 감사의 마음으로 자기는 물론이고 온 땅의 사람들까지도 생명을 얻게 만들었습니다.

진정한 감사의 마음을 가진 사람의 복된 삶은 이렇게 자기 자신뿐 아니라 모든 사람들까지도 복되게 만들고 유익하게 만듭니다.

18. 감사는 최상의 삶을 살게 합니다

(골로새서 3:15-17)

어떤 사람이 "당신이 평생을 살면서 기도를 단 한번 밖에 드리지 않았는데, 그것이 '감사합니다'였다면 당신의 삶은 그것으로 충분하다"라는 말을 했습니다. 우리의 삶에서 감사하면서 사는 것보다 더 중요한 것은 없다는 말입니다.

하나님께서 특별히 좋아하는 과일은 감이라고 합니다. 하나님께서 감을 특별히 좋아하시기 때문에 사람들이 항상 하나님께 찬양하기를 "**감 사 드리세**"하고 노래합니다.

하나님이 감보다 더 좋아 하는 과일이 있습니다. 그건 배입니다. 그래서 성도들이 "감 사 드리세"하면, 한 쪽에서 다른 성도들이 "**배** 로 드리세"라고 화답합니다. 그래서 하나님은 감하고 배를 좋아 한다는 유머입니다.

우스갯소리지만 중요한 교훈이 있습니다. "하나님께 감사드리되, 배로 더하여 감사하는 삶이 되자"는 것입니다.

얼마나 감사하는 삶이 중요한지 사도 바울은 본문 각 절마다 계속해서 말하고 있습니다.

"너희는 또한 감사하는 자가 되라"(15절).
"감사하는 마음으로 하나님을 찬양하고"(16절).
"무엇을 하든지 말에나 일에나… 하나님 아버지께 감사하라"(17절).

그만큼 감사하는 삶이 그리스도인의 생활에 중요하다는 것을 말하는 것입니다. 하나님께서도 "여호와께 감사하라 토지소산의 만물을 가지고 나와 감사하라 흠 없고 거룩한 것으로 최상의 것을 드리며 하나님께 감사하라"고 명령하십니다(신 26:2, 잠3:9).

긍정의 힘은 감사에서 온다

사도 바울이 이렇게 감사의 삶을 가장 소중하다고 강조하는 것은 무엇보다도 감사의 생활이 모든 사람에게 범사에 유익하기 때문입니다. 감사의 생활은 사람들로 항상 긍정적인 삶을 살게 합니다. 긍정적인 생각과 생활태도는 삶 속에서 놀라운 기적과 능력의 역사를 가져옵니다.

어떤 홍보물에 "긍정의 힘을 믿으십시요"라는 글이 있었습니다. 참으로 중요한 말이라고 생각합니다. 왜냐하면 긍정이야 말로 가장 강력한 힘을 갖고 있기 때문입니다.

'하면 된다'라고 생각하면 실제로 됩니다. '나는 안 돼'하고 생각하면 실제로 되는 일이 없습니다. '나는 멋진 사람이야'하고 생각하고 살면 실제로 자신도 모르는 사이에 어느새 멋진 사람이 되어 있습니다. 그러나 '나는 못난이야'하고 부정적으로 생각하고 살면 점점 못난 인간으로 전락해 가게 됩니다.

지금까지 인류 역사에서 훌륭한 일을 해낸 사람들은 모두가 다 긍정적인 생각과 태도로 산 사람들이었습니다. 그들의 긍정적인 생각에 의해서 이 세상은 이렇게 발전된 것입니다. 부정적인 생각과 태도를 가진 사람은 언제나 세상을 파괴하기만 했습니다.

어떤 의미에서 하나님은 이렇게 긍정적인 생각과 자세를 가진 사람들을 통하여 세상을 주관하고 섭리하신다고 할 수 있습니다. 하나님은 긍정적인 생각을 가진 사람을 좋아합니다. 그리고 하나님의 역사는 모두가 다 긍정적인 것들입니다. 그래서 하나님의 힘과 능력은 긍정의 힘과 능력이라 할 수 있습니다. 하나님을 믿지 않는 사람들도 긍정의 힘을 인정하고 있습니다.

이런 긍정적인 생각과 생활 태도는 어디에서 오는 겁니까? 그것은 '감사'에서 오는 것입니다. 아무리 어려운 환경이라도 감사한 마음이 있으면 긍정적으로 받아들입니다. 그러면 기적이 일어납니다. 그러나 아무리 좋은 조건과 환경이라도 감사가 없으면 그곳에서는 언제나 불평과 원망이 일어납니다. 그곳에서는 언제나 파괴만 일어납니다. 하나님을 믿든지 안 믿든지 사람이 감사의 마음을 갖고 산다는 것은 아무리 강조해도 부족한 것입니다.

은혜를 통해 오는 감사

감사의 삶이 소중하다고 하는 두 번째 이유는 '감사는 은혜의 기준'이기 때문입니다. 내가 은혜 가운데 있는지 아니면 은혜와 상관없이 살고 있는지를 구별하는 기준은 바로 감사의 마음입니다.

삶에 감사가 생각나고 입술에 감사가 나오면 은혜의 삶을 살고 있는 것입니다. 그러나 감사가 사라지고 오히려 원망이 나오고 불평이 나온다면 은혜와 상관없는 삶을 살고 있는 것입니다.

은혜를 받으면 제일 먼저 나타나는 현상이 뭡니까? 마음에 감사가 넘치고 기쁨이 충만해 집니다. 그렇게 불평스럽고 원망스러운 것들이 다 사라지고 그저 '제가 죄인입니다. 제가 나쁜 사람입니다'라는 생각만 들면서 '감사합니다'라는 마음뿐입니다. 그러니 얼마나 마음이 기쁜지 말로다 할 수 없습니다.

이러한 심정으로 살면 그저 감사하고 모든 것을 양보하게 되고 "죄인이 뭐 할 말이 있겠습니까! 뭘 주장을 하겠습니까? 처분대로 하겠습니다"라고 맡기고 사는 것입니다. 이렇게 살면 기적이 일어납니다.

세상사는 게 별 것이 아닙니다. 대단히 복잡하고 어렵게 보여도 사실은 아주 단순합니다. 내 마음이 복잡하니까 복잡한 것입니다. 내 마음이 어려우니까 모든 것이 어려운 것입니다.

세상의 모든 것은 상대적입니다. 하나님만 오직 절대적인 분입니다. 내가 변하면 주변의 모든 것도 변하게 됩니다. 이런 단순성과 변화는 나 자신이 감사하며 살면 됩니다. 그러면 모든 문제들이 기적같이 저절로 해결됩니다. 감사하며 사는 삶, 그 자체가 은혜요, 복인 것입니다.

감사는 저절로 생기는 것 아닙니다. 감사하라고 해서 감사하는 것도 아닙니다. 은혜로 주어지는 감사의 마음이 있어야 합니다.

자녀들에게 "너를 낳아서 키워주고, 공부시켜 주고, 먹여 주었으니, 감사해라"고 해서 자녀들이 감사합니까? 어떤 애들은 "엄마, 아빠가 좋아서 날 낳아 놓고서는 당연히 책임질 일을 하면서 무슨 감사예요. 오히려 내가 잘 커 주니까 내게 감사해야지"라고 말합니다.

하지만 자녀들에게 감사하라는 말 한 마디 하지 않았지만 어느 날 스스로 "부모님 감사합니다"라고 하면서 부모에게 정성을 다하여 섬기는 자녀들의 모습을 봅니다. 그 마음에 감사할 마음이 생길 때 할 수 있는 것입니다. 우리는 이 감사할 마음이 생기는 동기와 조건을 '하나님의 은혜'라고 부릅니다. 하나님의 은혜로 감사하는 생활을 '하나님의 은혜의 역사'라고 부릅니다.

하나님의 은혜가 들어오면서 감사하는 마음이 생기고, 감사하는 삶을 살 수 있습니다. 하나님의 은혜가 주어지면 나쁜 일도 다 하나님의 은혜라고 믿으면서 "내게 기도제목 주시니 감사합니다"라고 고백하는 것입니다.

어떤 여자 성도가 암 투병을 하고 있었습니다. 그러던 중에 설교를 듣다가 "범사에 감사하라"라는 말씀을 듣고 마음에 깊이 새겨졌습니다. 감사를 배운 것입니다. 그런데 무얼 감사하나 그게 문제였습니다. 그래서 그 날부터 하루에 감사할 내용 열 가지씩 찾아서 감사하기로 작정했습니다. 기도하는 가운데 찾아보니 너무나도 감사할 일이 많았습니다.

우리가 조금만 마음을 낮추면 감사할 것이 참으로 많습니다. "오늘 아침 일어나서 숨을 쉬게 하시니 감사합니다. 거룩한 주일을 주셨으니 감사합니다. 주일에 교회 가서 예배할 마음을 주셨으니 감사합니다. 예배를 드릴 수 있는 교회를 주셨으니 감사합니다. 교회에 잘 도착하게 하시니 감사합니다. 교회에서 좋은 성도들 만나게 하시니 감사합니다"라고 할 수 있습니다. 감사란 대단한 것을 얻어서 감사한 것이 아닙니다. 작은 것에서부터 시작되는 것입니다.

그렇게 감사하는 생활을 하다가 정기 진단하는 날이 되어서 병원에 가서 진단을 받았습니다. 놀랍게도 암 세포가 완전히 사라져 버렸다고 합니다.

무엇이 암에서 나음을 얻게 했습니까? 감사의 생활입니다. 어떤 분이 말하기를 "감사는 만병통치약이다"라고 했습니다. 감사는 믿음 생활에 큰 능력인 것입니다.

지체장애를 가져도 하나님께 감사하며 살면 놀라운 능력을 나타납니다. 질병으로 죽을 고생을 하면서도 하나님께 감사하면 병이 낫기도 하고, 병이 낫지 않아도 많은 사람들에게 큰 은혜를 끼칩니다.

큰 시련과 환란 중에도 "할렐루야! 하나님을 찬양하리로다"라고 하면서 감사합니다. 그러면 화가 변하여 복이 되고, 시련이 변하여 하나님의 능력이 되고 은혜가 됩니다.

이렇게 하나님의 은혜가 주어지면 누구든지 하나님의 은혜의 역사로 감사하며 찬양할 수 있습니다. 또 다른 많은 사람들에게 감동을 주고, 용기를 주고, 그들도 세상을 긍정적으로 감사하며 살 수 있는 힘을 줍니다.

감사는 하나님의 뜻을 이루는 통로가 된다

감사의 마음이 가장 소중한 이유는 하나님의 뜻을 이루는 통로가 되기 때문입니다.

성도의 삶은 궁극적으로 하나님의 뜻을 이 땅에 이루어드리는 통로가 되어야 합니다. 하나님은 그 뜻을 이루시려고 우리를 택하여 부르시고, 자녀 삼으시고 은혜를 주셨습니다.

문제는 어떻게 그 뜻을 이루어 드리느냐는 것입니다. 하나님의 뜻을 이루어 드릴 수 있는 가장 쉬운 방법은 감사하며 사는 것입니다.

감사하며 살면 하나님은 자연스럽게 나를 통하여 그 뜻을 이루어 나가십니다. 그러나 불평하고 원망하고 감사할 줄도 모르면 절대로 하나님의 뜻은 나를 통해서는 이루지 않습니다. 사울 왕처럼 버림받는 존재가 되고 맙니다.

사람들이 내게 "감사 합니다"라고 하면 기분이 좋아 집니다. 내게 감사하다고 표현하는 사람에게는 더욱 잘 해 주고 싶은 마음이 듭니다. 자녀들이 작은 것 하나에도 감격하면서 부모에게 감사를 표현하면서 뭔가 보답하려고 애쓰는 것을 보면, 흐뭇한 마음이 들고, 그 자녀에게는 더 잘해 주고 싶은 마음이 듭니다. 무엇이든지 해 주고 싶은 마음이 듭니다. 이것이 부모의 마음이고, 사람의 마음입니다.

그렇다면 하나님을 향해 우리가 감사를 표현하고, 하나님께 찬양하고 영광을 돌린다면, 우리 하나님은 우리들에게 얼마나 더 귀한 것으로 채워 주시겠습니까.

우리들이야 자녀들에게 해 주고 싶어도 줄게 없어서 못해 주지만, 우리 하나님은 못하시는 것이 없고, 안 가지신 게 없는 전능하신 분입니다.

우리가 작은 것 하나에도 하나님께 감사하며, 심지어 어려운 일을 만나도 감사하고 살면, 하나님께서는 엄청난 기쁨으로 나를 기억하시고, 나를 통하여 뜻을 이루어 가십니다.

그러나 감사하지 않으면 하나님께서는 아무 것도 내게 주지 않습니다. 나를 통해 이루시는 하나님의 뜻은 아무 것도 없습니다. 심지어 내게 두었던 하나님의 소원마저도 다 거두어 가버리십니다. 그것은 저주스러운 삶입니다.

그러므로 우리는 항상 범사에 감사하는 삶을 살아서 주의 뜻을 이루고 하나님 앞에 존귀하게 쓰임 받는 복된 성도가 되어야 합니다.

천국의 삶을 살게 하는 감사

감사의 마음이 가장 소중한 이유는 천국의 삶을 살게 하기 때문입니다. 20세기에는 인류 역사에 훌륭한 신학자들이 많이 나타난 세기라고 할 수 있습니다. 그 중에 라인홀드 니버라고 하는 분이 있습니다. 그는 "성경에서 믿음과 소망과 사랑은 영원히 있는 신앙의 덕목이라고 합니다. 나는 거기에 한 가지 덕목을 더 붙입니다. 믿음과 소망과 사랑 그리고 감사는 영원한 것입니다"라는 말을 했습니다.

그 중에 제일은 사랑이라 했는데, 사랑 못지않게 중요한 것은 감사입니다. 왜냐하면 천국에 가서도 영원히 있을 것이 사랑과 찬양이기 때문입니다. 찬양은 감사의 다른 표현입니다. 천국에 가서도 영원히 있을 것은 사랑과 감사뿐입니다. 그러므로 감사하면서 살면 이 땅에서부터 천국의 삶을 누리게 됩니다.

일본이 배출한 세계적인 신앙인 우찌무라 간조가 "감사가 없는 삶이 지옥이요, 감사가 있는 삶은 천국이다"라고 했습니다.

주는 삶을 살게 하는 감사

감사의 마음이 가장 소중한 이유는 주는 삶으로 변화되어서 모두를 만족하게 하기 때문입니다.

감사가 있으면 하나님께 드리는 삶으로 표현되고, 이웃에게는 베풀고 나누는 삶으로 나타납니다. 아무리 없어도 감사하는 마음이 있으면 뭔가 주고 싶고 베풀고 싶어집니다. 그러나 감사가 없으면 항상 받기만 하려고 합니다. 받아야 좋고, 받아야 만족합니다.

받는 것이 좋아 보여도 이건 망하는 것입니다. 왜냐하면 한 번 받고 두 번 받으면 감사합니다. 그러다보면 자꾸 받아야 감사하고 좋습니다. 받지 못하면 원망합니다. 더 좋은 것 아니면 원망합니다. 점점 더 감사를 잃어버립니다. 그래서 망하는 것입니다.

받는 것보다 주는 것을 더 좋아하는 성도가 되어야 합니다. 받을 때보다 줄 때 더 감사하는 성도가 되어야 합니다.

한번은 연세가 많으신 할머니 한 분이 예배를 마치고 제 방 앞에서 왔다 갔다 하면서 서성거리고 있었습니다. 마침 어느 집사님이 지나가다가 보고 "목사님 만나러 오셨습니까? 그러면 안으로 들어가세요"라고 하면서 제 방을 노크 하고, 문을 열어 들어가게 했습니다. 그러자 그 할머니께서 머뭇머뭇 거리면서 들어오셨습니다.

제 방은 작고 문과 복도가 직접 연결되어 있어서 밖에서 이야기 하는 소리가 다 들립니다. 그래서 그 할머니하고 하는 이야기를 저는 이미 제 방 안에서 다 들었습니다.

그 할머니는 "지난밤에 손자가 감을 사왔는데, 먹어보니 너무 맛이 좋아서 목사님 생각이 났습니다"라는 것입니다. 그래서 그 중에서 제일 좋은 것 하나를 골라서 가지고 왔습니다. 하지만 감을 가지고 오면서도 계속해서 감하나 달랑 어떻게 내 놓나하는 마음이 들어 주저 했다는 것입니다.

그렇지만 항상 기도해 주시고, 말씀해 주시고, 돌보아 주셔서 고마운 마음을 가지고 있었는데 제대로 대접도 못해서 미안했는데, '맛있는 감이라도 하나 드려야 겠다'는 마음이 들었다는 것입니다. 그러면서 "맛있게 먹으세요"라고 했습니다.

제가 그 감을 받아 들고 나니 마음에 감격이 되서 목이 막혀 차마 먹을 수가 없었습니다. 연로하신 할머니의 깊은 사랑의 마음이 제 마음에 와 닿은 것입니다.

제가 감동이 되어서 설교를 하니, 온 교우들의 마음에도 감동이 되었습니다. 풍성하게 베풀고 나누는 삶이 나타났습니다. 그 해 감사절은 너무나도 풍성한 은혜의 해였습니다.

감사하는 마음이 있으면 아무리 없어도 드리고, 주고, 나누고, 베푸는 마음이 생기게 되는 것입니다. 그렇게 살다보면 항상 하나님께 드리고, 이웃과 나누고, 베풀고, 주면서 살 수 있는 넉넉함과 풍족함으로 채우시는 하나님의 놀라운 역사를 경험하게 될 줄 믿습니다.

19. 감사는 예수님을 만남으로 생기는 기쁨입니다

(누가복음 2:25-33)

예수님을 만난 시므온은 기쁨으로 감사하며 찬송할 수밖에 없었습니다. 그가 일평생 기다리며 소망하던 것이 이루어졌기 때문입니다. 시므온은 평생을 메시야를 기다리며 살았습니다. 그에게 소원이 있다면 오직 하나, 메시야를 뵙는 것입니다. 그에게 기쁨이 있다면 오직 하나, 메시야를 만나는 것입니다. 그 시므온에게 어느 날 거짓말처럼 메시야가 나타난 것입니다.

시므온이 얼마나 좋고 기뻤는지 메시야 예수님을 만나고 "주재여 이제는 말씀하신대로 종을 평안히 놓아 주시는 도다"(29절)라고 찬양을 했습니다.

"종을 평안히 놓아 주시는 도다"라는 말은 "이제는 죽어도 여한이 없다"라는 말입니다. 그렇게 사모하며 기다리던 메시야를 보았으니 죽음인들 아쉽지 않다는 것입니다.

실제로 예수님을 만남으로 인해 주어지는 기쁨은 말로 다 할 수 없습니다. 그 기쁨은 우리에게 엄청난 감사와 감격으로 채워 줍니다. 이 감사의 마음이 우리의 삶을 가장 행복하게 만들어 줍니다. 그러므로 예수님을 만남으로 주어지는 감사가 진정한 감사요, 예수님을 만남으로 얻는 기쁨이 진정한 기쁨입니다.

예수님을 만남으로 인한 감사가 없으면 진정한 감사가 있을 수 없습니다. 물론 우리가 세상을 살 때 종종 감사를 느끼고 말할 때도 있습니다. 하지만 대부분은 다른 사람에게 도움을 받아서 감사하고, 좋은 일이 생겨서 감사한 것입니다. 이런 감사들은 다른 사람이 도와주지 않고, 나쁜 일이 일어나면 쉽게 불평과 원망으로 바뀌어 버립니다. 감사했다가 불평이 되고, 고마웠다가 원망이 된다면 그것은 진정한 감사가 아닙니다.

예수님을 만남으로 인해 생겨진 감사의 마음에는 주변의 어떤 여건이나 조건이나 환경에 상관없이 감사의 생활을 하게 합니다. 그래서 예수님으로 인해 사람들은 행복을 누리게 됩니다.

왜 예수님을 만나면 진정한 감사가 생깁니까? 예수님은 우리에게 참된 위로를 주시기 때문입니다.

본문에서 시므온은 "이스라엘을 위로하실 자"를 기다렸다고 했습니다. 메시야를 기다린 것입니다. 우리에게 오시는 메시야는 우리를 위로하는 분입니다. 그러므로 메시야 예수님을 만나면 누구든지 위로를 받습니다. 위로를 받으니 용기가 생깁니다. 용기가 생기니 어떤 일이 닥쳐와도 평안합니다. 무슨 일을 만나도 힘을 잃지 않습니다. 두렵지 않습니다. 설령 사방으로 우겨 쌈을 당하고, 캄캄한 어둠 속을 걸어가도 빛 되시는 메시야 예수님이 함께하시므로 즐거움으로 걸어갑니다.

이런 위로와 평안과 영광이 있으니 영원히 고백하고 찬양할 말은 "예수님, 감사합니다"(Thank you, Jesus!)입니다.

만일 지금 마지막으로 한 마디 말을 남겨야 하는 상황이 되었다면 무슨 말을 남기겠습니까?

유명한 코미디언인 배삼룡 씨가 주례를 맡은 날, 교통 체증이 워낙 심해서 예식장에 늦게 도착했습니다. 예식장의 예식 시간이 얼마나 촉박합니까. 다음 차례도 있기 때문에 제 시간에 끝내야 합니다. 그래서 부랴부랴 달려와서 주례를 하기는 하는데, 주례사를 빨리 끝내야 합니다. 그 때 주례사를 단 한마디로 끝냈습니다. 그 주례사는 지금까지 수많은 사람들이 한 주례의 말들 중에 가장 훌륭한 주례사로 기록되었습니다.

그 유명한 주례사는 "잘 살어"입니다. 걱정하며 앉아 있던 사람들, 초조해 하던 신랑신부 등 모든 사람들이 그 한 마디 말을 듣고 "와"하고 탄성을 터뜨리고, 박수 치고, 어떤 사람은 의자에서 뒤집어지고 난리가 났습니다.

내 생애에서 한 마디 말만 해야 한다면 "잘 살아, 잘 살자"라고 말하겠습니까. 그것으로는 부족합니다.

독일의 한 암 병동에서 있었던 일입니다. 한 중년의 사람이 혀에 암이 생겨서 절단하는 수술을 받게 되었습니다. 마취 의사가 환자에게 마취를 하려다가 잠깐 멈추고서는 "이제 수술을 하면 말을 할 수 없습니다. 마지막으로 남기실 말이 있습니까?"라고 했습니다.

혀를 이용해서 말할 수 있는 마지막 순간이었습니다. 수술실에 둘러 서 있는 여러 명의 의사, 간호사들이 심각한 얼굴로 지켜보고 있었습니다. 무거운 침묵이 흘렀습니다. 둘러 서 있는 사람들도 저마다 '내가 이 상황이라면 무슨 말을 할까?'라고 생각하고 있었습니다. 드디어 암 환자가 눈물을 흘리며 말을 합니다. "나의 주 예수님 감사합니다." 이 말을 세 번 반복해서 말했습니다.

그가 남긴 마지막 한 마디는 '감사'였습니다. 혀를 잘라내는 엄청난 불행과 고통의 순간이지만, 주님께 감사했습니다. 이 사람은 분명히 예수님을 만난 사람입니다.

마틴 루터가 기독교인과 불신자의 차이에 대해서 "기독교인은 자기의 모든 상황에 감사하지만, 불신자는 주변의 모든 일에 불평하는 사람이다"라고 했습니다. 내게 불평이 많다면 나는 아직도 부족한 그리스도인임을 깨달아야 합니다.

노르웨이에서 전해 오는 이야기 중에 이런 이야기가 있습니다. 오래 전에 사탄이 지구에 와서 노르웨이에다가 여러 가지 것들을 저장 하는 창고를 지었습니다. 이 창고에는 미움, 슬픔, 눈물, 걱정, 분노, 고통, 절망, 불행의 씨앗들을 저장해 두었습니다.

이 씨앗들을 인간의 마음에 뿌리기만 하면 뿌리를 내리고 자라서 열매를 맺습니다. 그래서 인간을 불행하게 만듭니다.

그런데 한 동네에서는 아무리 심어도 씨앗이 뿌리를 내리지 못합니다. 마귀가 살펴보니 그 마을 이름이 '감사'였다고 합니다. 감사 마을 사람들은 어떤 경우에도 감사하며 사니까 기쁘고 평안합니다. 사탄이 아무리 어둠의 씨를 뿌리고 심어도 싹이 날 수 없습니다. 그래서 생긴 속담이 "감사하는 마을에는 사탄이 씨를 뿌릴 수 없다"는 것입니다.

이런 감사의 마을은 저절로 생기는 것이 아닙니다. 예수님을 만남으로 인해 주어지는 것입니다. 왜냐하면 예수님은 우리에게 참 위로자가 되기 때문입니다. 죽어도 여한이 없을 정도로 좋은 분이기 때문입니다.

시므온이 일평생 메시야를 기다리다가 예수님을 만남으로 감사가 넘쳐서 그 입술로 하나님을 찬양했듯이 우리도 예수님으로 인해 감사하고 찬양해야 합니다.

항상 감사하고 범사에 감사하고 쉬지 않고 감사해야 합니다. 혀를 잘라내는 순간에도 마지막까지 "주 예수님 감사합니다"라고 고백하는 사람들이 되어야 합니다.

하나님께서는 모든 사람들이 행복하게 살기를 원하십니다. 그래서 감사의 마음을 갖도록 예수님을 보내 주셨습니다.

시므온이 성전에서 예수님을 만남으로 기뻐하고 감사하면서 하나님께 찬양할 때, 그 성전에 나온 수많은 사람들도 듣고 보았을 것입니다. 시므온은 그 날 성전에 나온 많은 사람들과 함께 기쁨과 감사를 나누었습니다.

예수님으로 인해 주어진 감사의 마음으로 세상이 달라지는 은혜를 경험하면 좋겠습니다. 불평과 미움이 사라지고, 걱정과 슬픔은 감사와 기쁨으로 바뀌고, 어둠은 빛으로, 궁핍은 영광으로 바뀌어서 모든 사탄의 노력들은 헛된 것이 되고, 메시야 예수님을 많은 사람들에게 알리므로, 사탄이 퍼뜨리는 모든 부정한 씨앗들은 확실하게 말려 버리는 복된 세상이 되기를 소원합니다.

예수님을 만난 감사한 마음으로 주님의 일을 하면 주님은 나보다 먼저 그 일을 하고 계십니다. 감사함으로 주님께 기도하면 주님은 먼저 그 기도를 이루어 주십니다. 감사함으로 주님을 찬양하면 주님은 먼저 영광으로 응답하십니다. 그렇기 때문에 메시야 예수님은 임마누엘 하나님이라고 부르는 것입니다.

20. 감사는 성도의 생활을 복되게 합니다

(역대상 16:28-36)

감사는 기적을 창조합니다. 예수님은 기적을 행하시기 전에 먼저 감사기도를 드렸습니다. 감사하니까 능력이 나타나고 기적과 이적이 따랐습니다. 감사하면 변화가 일어납니다. 감사하는 마음이 나를 변화시키고 주변의 모든 것을 변화시키기 때문입니다.

성도들이 어떻게 감사하는 삶을 살 수 있습니까? 본문에서 다윗은 우리들에게 하나님께 감사하는 방법에 대해서 말하고 있습니다.

다윗이 노래하는 사람 아삽과 그 형제들을 세워서 하나님께 감사하게 하면서 "너희는 여호와께 감사하며 그의 이름을 불러 아뢰며 그가 행하신 일을 만민 중에 알릴지어다"(8절)라고 했습니다.

다윗이 하나님께 감사하며 노래할 이유가 한 두 가지이겠습니까. 그의 전 생애가 하나님께 감사할 내용밖에 없습니다. 본문에서 다윗이 하나님께 감사하라고 한 이유는 하나님의 법궤가 예루살렘 다윗 성으로 돌아왔기 때문입니다.

오래 전에 엘리의 아들 홉니와 비느하스가 하나님께 범죄하므로 법궤를 메고 전쟁터로 나갔다가 크게 패하고 그만 여호와의 법궤를 블레셋 사람들에게 빼앗겼습니다. 그 때부터 여호와의 법궤가 이방인들에게 이리저리 전전하게 되었습니다.

블레셋 사람들은 이스라엘 백성들을 그렇게 강하게 한 법궤에 뭔가 신통한 능력이 있는 줄로 알고 빼앗아 갔습니다. 하지만 법궤가 들어오고부터는 이상하게도 나라 안에 재앙이 끊임없이 일어나고 불행한 일들만 일어납니다. 심지어는 자기들이 섬기던 신상들이 넘어지고 부서지고 남아나는 게 없습니다.

블레셋 사람들 마음에 법궤에 대한 두려움으로 결국은 이스라엘로 법궤를 돌려보냈습니다. 우여곡절 끝에 하나님의 법궤가 다시 다윗 성으로 옮겨지게 되었습니다. 그래서 다윗은 너무나도 기쁜 나머지 옷이 다 벗겨지는 줄도 모르고 춤을 추었습니다. 다윗은 그 기쁨을 가지고 "하나님께 감사하라"고 노래하고 있습니다.

다윗은 언약궤가 안전하게 성으로 돌아오자 하나님의 은혜가 생각났습니다. 하나님께서 만물을 통치하시고 심판하심을 생각했습니다(31-33절). 하나님은 선하시고 그 인자하심이 영원함이 생각났습니다(34절). 무엇보다도 하나님께서 이스라엘을 구원해 주셨음이 생각났습니다. 이렇게 역사해 주신 하나님을 생각하니 감사하지 않을 수 없었습니다.

하나님은 지금도 우리 가운데 역사하시고, 통치하시고 공의로 심판하시며 선하심과 인자하심으로 우리를 구원해 주시는 분입니다. 그렇다면 우리도 다윗처럼 하나님께 감사하며 영광을 돌리고 찬양하는 것이 마땅합니다.

예배로 감사하라

다윗은 여호와의 이름에 합당한 영광을 돌리며 감사하라고 합니다 (20,29,35절). 이것은 즐거운 마음으로 하나님께 찬양하며 경배하는 것을 의미합니다. 이것을 오늘날은 예배라고 부릅니다. 감사하는 사람은 마땅히 하나님께 나와서 예배드려야 합니다. 어찌 감사한 삶을 주신 하나님께 나와서 예배드리지 않을 수 있겠습니까.

어떤 사람으로부터 고마운 일을 겪게 되면 그 사람을 찾아 가서 고맙다고 말을 합니다. 다른 사람에게도 고맙게 해 준 사람에 대해서 말을 합니다. 그러면서 그 사람의 이름을 칭찬하고 높여 줍니다. 이는 마땅한 도리입니다.

사람에 대해서도 그렇게 하는데 우리가 엄청난 도움과 은혜를 주신 하나님께 나오고 감사를 표시하며, 주님께서 행하신 것을 다른 사람에게 전하며, 하나님의 이름을 높이고 영화롭게 하지 않을 수 있겠습니까.

물질로 감사하라

감사하는 삶을 위하여 "제물을 들고 그 앞에 들어 가 감사하라"고 했습니다(29절).

감사는 마음으로 드리고 또 자연스럽게 물질로 표현되어야 합니다. "마음으로만 하면 되지 꼭 물질을 드려야 합니까?"라고 말할 수도 있습니다. 물론 하나님은 뭐가 부족해서 물질을 받으시는 분이 아닙니다. 무엇보다도 영이신 하나님께 물질이 필요할 이유가 없습니다. 그런 하나님께서 인간들을 향하여 하나님 앞에 나올 때 반드시 물질을 가지고 나오라고 하실 때는 그만한 이유가 있지 않겠습니까.

하나님과 다르게 인간은 육신이라는 물질을 가지고 있습니다. 그래서 인간은 자연스럽게 물질을 가장 소중하게 여기게 됩니다. 인간이 가장 소중하게 여기는 그 물질을 통해서 하나님께서는 인간의 마음을 측량하는 것입니다.

예수님께서도 말씀하시기를 "네 물질이 있는 곳에 네 마음도 있다"라고 하셨습니다. 물질의 많고 적음은 상관이 없습니다. 그것이 기준이 될 수는 없습니다. 그러나 그 진정성은 충분히 가늠할 수 있습니다.

백만 원을 가진 사람이 만 원을 하나님께 드린 것 하고, 만 원 가진 사람이 그 만 원을 하나님께 드릴 때, 똑 같은 만 원이지만, 하나님께서 보실 때는 누구의 만 원을 더 소중하게 보시겠습니까. 백만 원을 가진 사람이 드린 만원은 그 사람이 가진 것의 지극히 작은 일부입니다. 그러나 만

원 가진 사람이 드린 만 원은 그가 가진 것의 모든 것입니다. 물질은 하나님께서 사람의 마음의 진정성에 대해 가늠하는 수단이 되기도 하는 것입니다. 그래서 물질을 들고 나와서 하나님께 드리라고 하는 것입니다.

아름답고 거룩한 마음으로 감사하라

"아름답고 거룩한 것으로 여호와께 경배하라"(29절)는 말씀을 따라 감사해야 합니다.

하나님께 물질을 드리며 감사해야 하는데, 그 드리는 물질이 아름답고 거룩한 것이어야 합니다. 아름답고 거룩한 물질이 무엇입니까? 그것은 아름다운 마음과 거룩한 마음으로 드리는 물질을 의미합니다.

'아름다운 마음'은 즐거운 마음이요, 자원하는 마음이요, 순수한 마음입니다. 아름다운 물질은 불쾌한 마음으로 억지로 드리는 것이 아닙니다. 인색한 마음으로 계산하여 이해관계를 따져서 드리는 것도 아닙니다.

'거룩한 마음'은 세상 이방인들이 그들의 우상에게 드리는 방식이나 동기가 아닌 마음을 말합니다. 이방인들이 그들의 우상에게 물질을 드릴 때는 마치 거래하듯이 드립니다. "내가 이만큼 드렸으니 당신도 이 만큼 복을 내려 주어야 합니다"라고 하며 제물을 바치는 것은 거래하는 것이요, 뇌물로 드리는 것입니다.

심방을 가면 어떤 분은 상에다가 흰 봉투를 하나 올려놓습니다. "이게 뭡니까?"라고 물으면 "그건 심방 와 주셔서 감사해서 목사님께 드리는 것입니다. 복 많이 빌어 주세요"라는 뜻으로 대답을 합니다. 그러면 저는 "이번 주일에 교회에 올 때 심방감사헌금으로 하세요"라고 하고 아예 가방이나 성경책에 넣어 두도록 합니다.

이방인들이 우상을 섬길 때처럼, 그 스타일이나 모습이 마치 점쟁이한 테 복채 놓듯이 합니다. 무당한테 잘 부탁하는 마음으로 돈 주듯이 하는 마음을 가진다면, 거룩한 것이 못됩니다.

하나님을 믿는 사람은 물질을 드려도 구별된 방법과 마음으로 드려야 합니다. 그렇지 않으면 그것은 주의 상을 경멸하는 것이 됩니다.

말라기 1장 7, 8절 말씀에 "더러운 떡을 드리면 주의 상을 경멸하는 것 이다"라고 했습니다. 사도행전 5장에 보면, '아나니아와 삽비라'부부가 이방인들이 그들의 우상에게 드리는 방식으로 하나님 앞에 물질을 드리 다가 축복 받는 것은 고사하고 오히려 그 자리에서 죽고 말았습니다.

우리들은 하나님께 감사하기 위해 이렇게 아름답고 거룩한 마음으로 준비한 물질을 드려야 합니다.

하나님께서 기쁘게 받으시는 감사 생활이 아름답고 거룩한 마음으로 담아서 드리는 생활로 나타나야 합니다. 그래서 우리의 감사생활이 내 개 인에게는 한없는 복으로 나타나고, 세상에 대해서는 하나님의 이름을 더 높이는 것이 되며, 주변 사람들에게는 하나님을 바라보는 계기가 되어야 합니다.

21. 감사는 주님을 송축하는 것입니다

(시편 145:10-17)

하나님을 믿는 성도는 감사하며 사는 사람입니다. 물론 하나님을 믿지 않는 사람이라도 감사할 줄 아는 사람이 있습니다. 그러나 성도의 감사와는 질적으로 다릅니다. 왜냐하면 성도들의 감사의 대상은 정확합니다. 바로 전능하시고, 인자하심이 영원하신 하나님입니다.

하나님을 믿지 않는 사람은 그 감사의 대상이 정확하지 않습니다. 그래서 감사는 할 줄 알지만 그 감사는 헛된 감사인 것입니다. 감사를 하지만 헛짚은 것입니다.

오래전에 제가 어느 분에게 신세를 진 일이 있어서 감사의 마음을 표시했습니다. 그 후에 하루는 잘 아는 어떤 분에게서 전화가 와서 "정 목사, 왜 아무개에게 감사 인사를 하지 않았나?"라고 했습니다. 제가 "왜 그러십니까?"라고 했더니, 그 분이 저를 위해서 수고를 해 주셨는데, 제가 아무 말도 하지 않아서 "감사도 할 줄 모른다"고 섭섭해 하더라는 것입니다.

그 제서야 저를 위해 수고해 주신 분을 잘못 알고 있었음을 깨달았습니다. 고맙다고 했는데 엉뚱하게 다른 분에게 한 것입니다. 하지만 이미 때는 늦었습니다. 늦게나마 해명을 하고 수습을 하기는 했습니다만 얼마나 난처했는지 모릅니다. 이런 엉뚱한 일을 하나님께 해서는 안 됩니다.

우리가 감사해야 할 분은 천지를 지으시고 우리를 죄에서 구원하시고 영원한 생명을 주시는 하나님 한 분 뿐입니다.

본문 말씀에서 주님께 감사하고 주님을 송축하라고 했습니다. 왜 주님께 감사하고 주님을 송축해야 합니까? 하나님께서 감사 받을 존재가 없어서입니까? 하나님께서 송축 받을 곳이 없어서 입니까? 아닙니다. 하나님께서는 세상 그 어떤 피조물보다도 사랑하는 인간들이 하나님께서 행하신 놀라운 일들을 알기를 원하십니다. 하나님은 모든 사람들이 하나님의 크신 영광을 깨달아 주시는 복을 받아 누리기를 원하십니다. 그래서 하나님은 모든 지음 받은 인간들이 하나님께 감사하며 찬양하라고 하십니다.

그래야 하나님도 모르고, 감사도 모르고, 찬양할 줄도 모르고 있던 인간들이 주의 백성들이 감사하며 노래하는 소리를 듣고, 하나님을 알게 되고, 하나님의 행하신 일들을 깨달아 알게 됩니다. 그러면 하나님께 대해 무지하던 사람들도 하나님께 감사하고 찬양하게 됩니다. 그 때야 비로소 그들도 하나님께서 주시는 모든 복을 누리게 됩니다.

사람을 불행하게 하는 것

어느 시대든지 사람을 불행하게 하는 것이 무엇인지 아십니까? 세 가지가 있습니다.

첫째, 자주 흔들리고 넘어져서는 일어서지 못하기 때문에 불행한 것입니다. 남녀노소, 빈부귀천을 막론하고 나름대로의 형편과 사정에 의해 흔들립니다. 흔들리니까 안정을 잃고 결국 무너지고 넘어집니다. 그렇게 넘어져서는 다시는 일어서지 못합니다. 그래서 불행한 것입니다. 넘어졌다 해도 다시 일어설 수 있다면 넘어지는 게 결코 불행이 아닙니다. 다시 일어서지 못해 불행한 것입니다.

둘째, 사람을 불행하게 하는 것은 때를 따라 먹지 못해서 불행한 것입니다. 먹어야 할 것을 먹지 못하니 얼마나 스트레스가 쌓입니까. 육의 양식을 먹지 못해 불행하고, 정신적인 양식을 먹지 못하고, 사랑을 먹지 못해서 불행합니다. 무엇보다도 영의 양식을 먹지 못해서 불행합니다.

셋째, 인간을 불행하게 하는 것은 없어서가 아니라 만족하지 못해서 불행한 것입니다. 아무리 풍성하게 가져도 만족하지 못하고 무얼 해도 만족하지 않으니 그만큼 더욱 불행해 지는 것입니다.

이런 인간의 불행의 원인을 본문에서 시인은 분명히 간파하고 "주께 감사하며 주께 송축하라"고 노래합니다. 감사가 없고 찬양이 없으니 불행한 것입니다.

송축(頌祝)이란 말은 '좋은 일을 기리고 기뻐하며 복을 비는 것'을 말합니다. 생각해보니 고맙고, 따져보니 너무 감사해서 도저히 그냥 있을 수 없습니다. 그래서 모든 사람들에게 그것을 알리고 감사한 일을 주신 그 분을 축복하며 "여호와는 위대하십니다. 여호와의 이름이 영원히 찬양 받으십시요"라고 노래하는 것입니다.

이렇게 하나님께 감사하며 송축하고 찬양하면 놀라운 역사들이 일어납니다. 무엇보다 행복해 집니다.

하나님께 감사하며 송축할 때, 어떤 형편에서도 흔들리지 않습니다. 견고하게 서게 됩니다. 아무리 넘어뜨리려고 하는 원수들이 별 짓을 다 해도 넘어지지 않습니다. 혹 넘어졌다 해도 반드시 하나님 주시는 소망과 비전을 보고 일어서서 승리합니다(14절).

"여호와께서는 모든 넘어지는 자들을 붙드시며 비굴한 자들을 일으키시도다"(14절)라고 했습니다. 하나님께 감사하며 찬양하는 사람을 주님께서 넘어지지 않도록 견고하게 붙들어 주신다는 것입니다. 넘어져서 비참한 자리에 있다 해도 다시 일으켜 세우신다는 것입니다.

확실한 일에 거하게 하는 감사

감사는 우리들을 확실한 일에 거하게 만들어 줍니다. 세상을 살 때 어떤 사람에 대해 감사하는 마음이 생기면 무슨 일이 있어도 그 사람을 의심하지 않습니다. 다른 사람들이 무슨 소리를 해도 절대적인 지지를 보냅니다.

부모의 은혜를 아는 자녀들은 결코 부모 섬기는 일에 있어서 흔들림이 없습니다. 하나님 은혜를 알고 감사하는 사람은 세상 유혹에 넘어가는 법이 없습니다. 혹 잠시 유혹을 받아 넘어졌다 해도 다시 일어섭니다.

여러 가지 일들로 흔들리고 있습니까? 존재가 흔들려서 살까, 죽을까 방황하고 있습니까? 질병과 생활고로 인하여 흔들리고 있습니까?

하나님께 감사하세요. 하나님을 찬양하세요. 우리 주님께서 견고한 팔로 붙드시는 것을 경험하는 복을 받습니다. 넘어져 비참한 상태에 있는 내게 손을 내밀어 일으켜 세워 주시는 것을 경험하는 복을 받습니다. 감사하며 찬송하다가 이렇게 승리하는 복을 받으십시오.

때를 따라 필요를 채워주는 감사

하나님께 감사하며 찬송하는 사람에게는 때를 따라 먹을 수 있습니다. 본문 15절 말씀에도 "모든 사람의 눈이 주를 앙망하오니 주는 때를 따라 그들에게 먹을 것을 주시며"라고 했습니다. 주께 감사하는 사람은 결코 궁핍하거나, 굶주리는 일이 없습니다. 주님께서 때를 따라 먹을 것을 주시기 때문입니다.

사람에게 먹는 것은 참으로 중요한 것입니다. 임산부가 먹고 싶은 것을 제 때 못 먹으면 태어나는 아이의 눈이 작아진다느니, 짝눈이 된다느니, 사시가 된다느니 등 여러 가지 말이 있습니다. 하지만 아직 어떤 과학자나 의사도 이 말이 맞는다고 증거를 대는 사람을 보지 못했습니다. 그러면 왜 이런 말을 합니까? 그만큼 먹는 게 중요하다는 말입니다. 특히 임산부이니 제 때 먹는 게 너무나도 중요하다는 것입니다.

육신이 먹고 싶어 하는 것을 제 때 먹으면 건강하게 살 수 있다고 합니다. 물론 과용하거나 오용해서는 안 되지만, 육신이든지, 정신이든지, 영혼이든지 때를 따라 먹을 것을 먹어야 한다는 말입니다. 이렇게 먹는 문제는 복된 삶을 사는데 필수적인 것입니다.

그러나 사람들이 제 때 먹어야 할 것을 먹지 못합니다. 왜냐하면 하나님이 행하신 일을 모르고, 감사할 줄 모르고, 영광도 돌릴 줄 모르기 때문입니다. 그래서 일을 해도 열매가 없습니다. 열심히 거두어 쌓아 놓는다고 했지만 썩어지고 맙니다. 배불리 먹었지만 항상 배가 고픕니다. 실컷 마셔도 갈증은 여전합니다. 항상 부족하고 불평하고 불행합니다. 하나님께 감사하고 찬양하며 사는 사람에게는 항상 때를 따라 먹여 주십니다.

신약성경은 예수님께서 벳세다 광야에서 오병이어로 오천 명이 넘는 사람들을 다 배불리 먹이고도 남은 역사를 증거하고 있습니다. 예수님께서 오병이어를 손을 들고 하나님께 감사하였더니 그러한 기적이 일어났다고 증거합니다. 이 사실은 주님께서 우리에게 본으로 보여주신 일입니다. "너희들도 이렇게 하나님께 감사하라. 그러면 이런 역사들이 항상 있을 것이다"라고 말씀하시는 것입니다.

소원을 만족시켜 주는 감사

하나님께 감사하고 찬양하는 백성들에게 하나님께서는 그 소원을 만족하게 하십니다. 16절 말씀에서 *"손을 펴사 모든 생물의 소원을 만족하게 하시나이다"*라고 했습니다.

하나님께 감사하는 사람에게 기적이 일어납니다. 하나님을 찬양하면 불가능한 일은 가능한 일로 변화됩니다.

이런 일들은 불신자들에게도 감사하면 종종 일어납니다. 하물며 하나님의 역사를 믿고, 하나님께 감사하며, 하나님의 행하신 일을 증거하며 찬양하는 사람에게 어찌 기적을 베풀어 주시지 않겠습니까. 반드시 하나님께서 그 소원을 만족하게 하는 놀라운 복으로 채워 주십니다.

그래서 성경에 증거하기를 "감사할 때 기적이 일어나고, 감사함으로 기도하면 반드시 응답하신다"라고 했습니다.

"너희는 아무 것도 염려하지 말고 오직 너희 구할 것을 감사함으로 구하라 그리하면 모든 지각에 뛰어난 하나님의 평강이 너희 마음과 생각을 지키시리라"(빌 4:6,7).

어느 집사님이 설교를 통하여 "감사하면서 기도하면 하나님께서 응답하여 주십니다. 감사하면서 기도하면 기적이 일어납니다"라는 말씀에 들었습니다.

예배를 마치고 집에 갔는데 남편이 늘 하던 데로 술에 떡이 되어 들어 왔습니다. 집사님도 늘 하던 데로 잔소리를 하려다가 낮에 목사님 설교가 생각났습니다. '감사하므로 기도하면 기적이 일어나고 응답이 주어진다고 했는데, 저렇게 맨 날 술에 절어 들어오는 남편에 대해 도대체 감사할 것이 뭐가 있나'라고 부정적으로 생각했습니다.

그래도 목사님 말씀이니 믿고 감사해야지'라고 생각하고 억지로 감사하는 기도를 하려고 옆에서 코를 드르렁 골면서 자고 있는 남편을 보니 감사의 제목이 하나 생각났습니다.

"하나님, 저렇게 술에 떡이 되어도 집에는 제대로 찾아와서 딴 데 가서 자지 않게 하시니 감사합니다."

그렇게 기도하고 나니까 또 감사 기도할 게 생각났습니다. 감사할 것을 생각해서 감사하면 그 감사가 또 다른 감사를 가져오게 합니다.

"하나님, 저렇게 술 먹고 들어와도 다음 날 돈 벌러 나갈 수 있게 해 주셔서 감사합니다."

계속 감사할 기도제목들이 하나씩 덧붙여졌습니다.

"그래도 남편이 건강하게 가정을 지키게 해 주셔서 감사합니다. 그래도 예배당에 나가는 것 반대하지 않아서 감사합니다. 언제일지 모르지만 앞으로 회개하고 믿음 생활 할 수 있는 가능성이 있으니 감사합니다."

이렇게 감사하면서 기도하니까 어느 새 자신도 모르는 사이에 마음에 평안이 오고, 눈에는 눈물이 흘러내리면서도 기뻐서 입에는 미소가 가득한 가운데 중얼거리면서 있는데 술에 골아 자고 있던 남편이 목이 너무 말라서 물을 마시려고 자리에서 일어났습니다.

옆에서 부인이 중얼중얼 거리면서 기도를 하고 있습니다. 얼굴에는 미소가 가득하고 눈에는 눈물이 흐르면서 열심히 기도하는 것을 보았습니다.

그 모습을 한참이나 쳐다보고 있던 남편의 마음이 움직여졌습니다. '내가 저렇게 착한 아내에게 못 할 짓을 많이 했구나, 지금도 나를 위해 기도하는 아내가 너무 고맙구나, 나도 뭔가 저 아내가 원하는 일을 해 주어야겠구나'라는 생각이 들었습니다.

그래서 기도하고 있는 아내를 붙들고 말하기를 "여보, 무슨 기도를 그렇게 열심히 해, 나도 이번 주일부터는 당신 따라 예배당에 갈께"라고 하는 것이었습니다.

10년이 넘도록 기도해 왔지만 변화되지 않던 사람인데, 술에 떡이 되어 자고 있는 남편에 대해 감사했더니 하나님께서 들으시고 즉석에서 응답해 주셨습니다. 남편의 마음을 움직이시고, 기도하는 아내에게는 소원을 이루어 주시고, 마음에 만족함으로 채우셨습니다.

이런 만족하게 하는 하나님의 주시는 놀라운 복이 어떻게 이루어집니까? 하나님께 감사하며 찬양하는 성도의 생활에서 나타나는 것입니다.

17절에서 시인이 "여호와께서는 그 모든 행위에 의로우시며 그 모든 일에 은혜로우시도다"라고 했습니다.

고든 맥도날드(Gorden Macdonald)란 목사는 "감사하는 마음은 지속적인 훈련을 통해 생겨난다"라고 했습니다.

본문에서도 내가 하나님께 감사하고 송축하므로 사람들로 하나님의 업적을 알리고, 하나님의 위대하심과 영광을 알게 하리라고 했습니다.

감사는 배우는 것입니다. 감사하는 것을 배우지 못하면 감사할 줄 모릅니다. 감사하지 못하면 기적이 일어나지 않습니다. 행복할 수 없습니다. 불행한 인생이 됩니다.

사람이 감사하는 삶을 살므로 만족과 기쁨이 증거가 됩니다. 인간관계가 좋아집니다. 견디기 힘들고 어려운 상황도 가치 있게 여기며 잘 극복하게 됩니다. 이런 감사의 자세는 우리의 삶을 변화시키고 기적을 경험하게 합니다.

더욱 하나님은 우리에게 "감사하라. 범사에 감사하라. 찬양하라. 송축하라"고 가르칩니다. 감사를 알고 깨달은 사람은 이 감사의 내용을 전해야 합니다. 그래서 다른 사람도 배워서 하나님께 감사하고 찬양하게 해야 합니다.

22. 감사의 사람

(골로새서 3:15-17)

감사는 인간의 본분입니다. 한 인간으로 성장하는 데는 수많은 도움의 손길이 있기 때문입니다. 혼자서 태어나고 스스로 자라난 사람은 한 사람도 없습니다. 그러므로 감사하는 삶을 살아야 합니다. 감사를 모르는 사람은 사람이 아닙니다. 금수와 다를 바가 없습니다.

뻐꾸기는 지빠귀 새 둥지에다가 알을 낳습니다. 그러면 지빠귀는 그 알이 자기가 낳은 알인 줄 알고 열심히 품습니다. 뻐꾸기 알은 지빠귀 알보다 빨리 부화가 됩니다. 그러면 지빠귀는 부지런히 먹이를 물고 와서 키웁니다. 제 새끼인줄 알고 키우는 것입니다.

뻐꾸기 새끼가 조금 자라나면 옆에 있는 지빠귀 알을 둥지 밖으로 밀어서 떨어뜨립니다. 그래야 자기가 먹이를 독차지하기 때문입니다. 하지만 어미 지빠귀는 영문도 모른 채 뻐꾸기 새끼를 제 새끼인줄 알고 열심히 키우는 것입니다. 그렇게 해서 뻐꾸기가 다 자라서 날 수 있을 때 쯤 되면, 어디서 왔는지 뻐꾸기 어미가 나타나서 새끼를 데리고 훨훨 날아가

버립니다. 감사하다는 인사 한 마디 없이 그렇게 날아가 버립니다. 보통 배은망덕이 아닙니다. 이것이 짐승의 세계입니다. 사람이 금수와 다른 것은 감사를 알고 감사할 줄 아는 것입니다.

본문 15절에서 "너희는 또한 감사하는 자가 되라"고 했습니다. 문제는 감사하되 "누구에게 감사해야 하느냐?"하는 것입니다.

감사해야 할 분은 나를 사랑하사 내게 은혜를 베푸시고 지금까지 인도하신 여호와 하나님께 감사하는 것입니다. 지금도 살아 계셔서 나와 함께 하시고 나를 아시고, 안으시고, 인도하시고, 지켜주시는 하나님께 감사해야 합니다. 그래서 본문 17절에서 "무엇을 하든지… 다 주 예수의 이름으로 하고 그를 힘입어 하나님 아버지께 감사하라"고 한 것입니다.

하나님께 감사하는 삶을 살면, 하나님은 자비로우시고 은혜가 풍성하셔서 더욱 감사할 내용으로 우리들을 축복하십니다.

어떤 처녀가 우물우물 하다가 그만 혼기를 놓쳤지만 어느 해 추수 감사주일에 생각해보니 너무나도 고맙고 감사한 마음이 생겨서 자기가 가지고 있던 돈 50만원을 모두 감사헌금으로 드렸습니다. 그녀가 출석하는 교회에서 감사헌금을 제일 많이 하였습니다.

그런 일이 있고 난 후에 이사를 하게 되어서 전세금 250만원을 받아서 50만 원짜리 월세 방으로 옮기고, 200만원을 주고 교문리에 채소밭을 하나 샀습니다. 나중에 결국 시집을 가지 못하면 그곳에다가 오두막이라도 하나 짓고 살 생각으로 그러게 한 것입니다.

그 후에 몇 년이 지났습니다. 어느 날 부동산 중개인에게서 그 채소밭을 팔라는 연락이 왔습니다. 얼마를 주려고 그러느냐고 물으니 10억을 주겠다고 하더랍니다.

밭을 팔아서 1억은 십일조 하고, 나머지 9억을 4억 5천만 원씩 둘로 나누었습니다. 4억 5천만 원은 강남에다가 자기가 살 집을 하나 구입했습니다. 그리고 나머지 4억 5천만 원은 교회 목사님에게 선교비로 쓰라고 드렸습니다.

그리고 또 몇 년이 지났습니다. 그 사이에 좋은 사람 만나 결혼을 했고 사 놓았던 집은 십억이 넘는 아파트가 되었습니다.

어떻게 이런 역사가 일어났습니까? 조건 없는 감사, 이유 없는 감사의 마음이 이런 역사를 가져 오게 한 것입니다.

감사의 삶을 살면 이렇게 역사가 나타날 뿐 아니라 우리의 삶을 변화시키는 능력이 있습니다. 세상살이가 다 그렇습니다만 목회 하는 가운데도 마음 아플 일도 많고 안타깝고 힘들어서 낙심될 때도 많습니다. 그러면 엎드려 하나님께 기도합니다. 아픔을 이기고 낙심을 이겨 보려고 기도하는 것입니다. 하지만 도무지 응답도 없고 어려운 환경은 달라지지 않습니다.

한번은 친구 목사님 집에 갔습니다. 현관에 들어서는데 갑자기 제 눈에 큼지막한 글자가 확 들어옵니다. "감사하라"는 딱 네 글자였습니다. 그 글이 제 눈에 확 들어와서는 제 마음을 "쾅" 때렸습니다. 늘 보는 내용이고 잘 아는 말씀이었지만 그날따라 아주 강하게 다가 왔습니다.

열심히 부르짖고 기도는 하였지만 생각해 보니 하나님께 감사하지를 못했습니다. 원망하고 불평하고 뜻대로 안 된다고 낙심은 하였지만 한 번도 감사하지를 못했습니다.

좋은 장로님들, 착한 성도들, 열심히 봉사하는 헌신자들, 부족한 설교지만 한 번도 설교가 부족하다는 말도 하지 않고 은혜로 받는 성도들을 가만히 생각하면 너무나도 감사하지만 감사하지 못했습니다.

그래서 교회로 돌아오자마자 사무실에 앉아 기도했습니다. 감사하지 못한 것을 회개하고 감사하며 기도했습니다. 그러면서 낙심된 제 마음에 평안이 왔습니다. 제 생활이 기쁨으로 달라졌습니다. 환경이 감사할 일들로 달라지기 시작했습니다.

우리는 하나님께 감사하는 삶을 살아야 합니다. 하나님 주시는 엄청난 복을 받는 체험과 간증이 풍성하게 일어나는 성도가 되어야 합니다.

기독교는 감사의 종교입니다. 살펴보면 감사하지 않을 것이 하나도 없습니다. 그래서 언제나 감사하며 살 수 밖에 없습니다.

오늘 이 시대는 감사가 사라졌습니다. 이기적이고 자기만 압니다. 원망하고, 불평하고, 조금만 자기 마음에 안 들면 돌변해서 원수가 됩니다. 아무리 숨기고 감추려고 해도 감사가 없으면 보여주고 싶지 않은 부끄러운 모습들을 그대로 드러내고 맙니다.

말세에 고통 하는 때가 되면 사람들이 감사하지 않는다고 했습니다(딤후 3:2). 배신하고 거역하고 원통함을 풀지 않습니다.

우리가 비록 이런 악한 때를 살고 있지만, 하나님 믿는 성도입니다. 주님의 오심을 준비하는 성도입니다. 믿는 사람의 삶에 감사가 없어서는 안 됩니다.

그러면 가장 좋은 감사의 표현이 뭡니까? 주님 기뻐하시는 생명을 주님께 드리면서 감사하는 것입니다. 우리가 사람에게 감사할 때도 말로 감사를 표현하는 것이 중요합니다. 선물을 드리면서 감사하면 더 좋습니다. 선물을 드리되 정성을 다하여 준비한 선물이면 더 좋습니다. 정성을 다하되 가치 있고 좋은 것이면 더 좋습니다. 마찬가지로 우리가 하나님께 감사하되 정성을 다하여 가치 있고 좋은 것으로 감사하면 하나님께서도 기쁨으로 받으십니다.

하나님께서 기쁨으로 받으시는 가장 가치 있고 정성을 다한 선물이 뭡니까?

그것은 천하 보다 귀하게 여기시는 영혼입니다. 하나님은 집 나간 탕자가 돌아오면 더 기뻐하신다 했습니다. 내 주변에 아직도 예수님을 알지 못하고 방황하는 영혼이 하나님께서 가장 기뻐하시는 영혼입니다.

감사주일에 감사헌금을 준비하여 드리는 것도 중요하지만 하나님께서 가장 기뻐하시는 귀한 영혼들을 주께로 인도해 와서 감사예배 드리는 것이 더 귀한 일입니다.

23. 주께 감사하라

(시편 138:1-5)

어떤 농부가 가을걷이를 하던 중에 호박을 보고 '왜 하나님은 연약한 줄기에 저렇게 큰 호박을 달아 놓았을까? 집 앞에 있는 큰 상수리나무에는 조그만 도토리나 달아 놓으시고, 참 이상하신 하나님이시다'라는 생각을 했습니다.

그 농부가 어느 늦가을 청명한 오후에 점심을 먹고 나른해서 상수리나무 밑에 있는 평상에 앉아서 졸고 있었습니다. 그런데 갑자기 머리에 뭔가가 떨어졌습니다. 깜짝 놀라서 일어나 보니 상수리나무에서 도토리가 하나 떨어진 것입니다.

그 때서야 농부가 큰 깨달음을 얻었습니다. "이것이 호박같이 컸으면 큰 일 날 뻔 했구나. 하나님 감사합니다. 이 상수리나무에 작은 도토리를 맺게 하셔서 저를 살려 주시니 감사합니다"라고 기도했다고 합니다.

우리는 알지 못하지만 모든 것에는 다 이유가 있고 하나님께서 행하시는 일들을 생각하면 모두가 다 감사할 일들입니다. 그래서 범사에 감사하고, 항상 감사하고, 언제나 감사해야 합니다.

본문에서 시인은 "전심으로 주께 감사하며… 주께 찬송하리이다"(1절)라고 노래합니다. 2절에서는 "성전을 향하여 예배하며… 주의 이름에 감사한다"라고 했습니다. 그리고 4절에서는 "세상의 모든 왕들이 주께 감사할 것은 그들이 주의 입의 말씀을 들음이오며"라고 했습니다. 시인은 계속해서 하나님께 감사할 것을 노래하고 있습니다.

모든 사람들이 하나님께 감사하며, 모든 왕들도 하나님께 감사해야 하는데, 하물며 하나님을 믿는 우리 성도들이야 말할 필요가 있겠습니까.

우리는 얼마나 하나님께 감사하며 살고 있습니까? 안타깝게도 우리들은 자주 하나님께 감사해야 할 것을 잊어버리고 삽니다. 그래서 하나님께 드릴 것을 드리지 못합니다. 해야 할 것들을 하지 못합니다. 그런 이유로 하나님 앞에서 당연히 받아야 놀라운 복들을 받지 못하고 삽니다.

본문에 보면 시인은 하나님께 왜 감사해야 하는지 그 이유들을 밝히고 있습니다. 그러나 우리가 하나님께 감사하는 것은 무슨 이유가 있어서 하는 것이 아닙니다. 무조건 감사해야 하는 것입니다.

왜냐하면 우리가 호흡을 하고 살고 있는 것 자체가 감사해야 할 이유이기 때문입니다. 우리가 예수님을 구주로 믿고 구원의 은혜 속에 살고 있으니 그 또한 충분히 감사할 이유가 됩니다.

우리에게는 사실 모든 것이 감사뿐입니다. 과거를 생각해봐도 모두가 다 감사할 일뿐입니다. 현재도 모두가 감사할 일입니다. 앞으로 다가올 미래를 생각해 봐도 감사할 것들뿐입니다.

우리가 이 감사를 잃어버리면 그 순간부터 모든 것은 불평과 원망뿐입니다. 감사를 잃어버리면 그 때부터 불행이 내 인생을 지배하게 됩니다. 그래서 감사하지 않는 것 자체가 죄라고 했습니다. 죄가 있어서는 복 있는 삶을 살 수 없습니다.

감사가 없는데 무엇이 내 인생에 유익이 되겠습니까. 감사하지 않고 불평하고 원망하고 살아서는 아무 것도 유익이 없습니다. 전능하신 하나님을 믿고 하나님의 은혜를 믿고 사는 우리 성도들은 무조건 하나님께 감사하며 살아야 합니다.

이렇게 무조건 감사하며 살면 더욱 감사할 일들이 많이 일어나고, 하나님 주시는 놀라운 복들을 누리며 살게 됩니다.

우리 교회가 년 간 사용하는 전기사용료는 약 1100만 원 정도 됩니다. 그럴 일은 없겠지만, 한국전기공사에서 이 전기세를 안 받겠다고 하면 감사할까요? 당연히 감사하겠지요. 한전에 찾아가서 감사를 표하기까지 할 것입니다.

한전에서 이번에는 주님 오시는 날까지 영원히 우리 교회에는 전기사용료를 안 받겠다고 하면 얼마나 감사할까요? 말할 수 없이 감사할 것입니다.

하나님께서는 항상 환하게 살 수 있도록 햇볕을 주셨습니다. 사용료 한 푼 받지 않으시고 그것도 내가 죽을 때까지 무료로 사용할 수 있도록 해 주셨습니다. 그런데 왜 우리는 하나님 앞에서 햇볕을 주신 것에 대해 감사하다고 하지 않습니까? 너무나도 당연해서 감사할 수 없습니까? 모든 사람이 다 공짜로 누리기 때문에 특별히 감사할 것이 없는 것입니까?

너무나도 당연하다는 듯이 우리는 감사하지도 않고 살아가고 있는 것입니다. 오히려 더 주지 않는다고 불평하며 원망하며 살고 있습니다.

시인이 4절과 5절에서 노래하듯이 "주의 입의 말씀을 들음으로 감사하고 여호와의 영광이 큰 것으로 인하여 감사"하는 삶이 되어야 합니다.

여호와 하나님의 손이 닿지 않는 곳이 없습니다. 하나님이 계시지 않는 곳이 없습니다. 우리가 이것을 생각하면, 감사가 저절로 나올 수밖에 없습니다. 이런 것을 생각하며 어떤 환경과 상황에서도 감사하는 사람에게는 하나님께서 더욱 감사할 일을 주실 것입니다.

성경에 보면 좋을 때는 물론이고 특별히 힘들고 고통스러운 순간에도 하나님을 찬미하며 감사한 인물들이 나옵니다. 욥은 하루 밤 사이에 모든 것을 잃어버리는 엄청난 고난을 당했지만 원망하지 않고 오히려 감사했습니다. 요나는 큰 풍랑을 만나 바다에 던져지고 물고기 뱃속에 들어갔지만 고요히 하나님의 뜻을 기다리며 기도하며 하나님을 찬양했습니다. 사도 바울도 에베소에서 억울하게 매를 맞고 옥에 갇혔지만 하나님 은혜를 생각하며 찬미했습니다.

결국에는 그들은 하나같이 더 큰 복을 받았고, 새로운 기회를 얻었고, 오히려 더 놀라운 구원의 역사를 보았습니다. 그러니 더욱 감사할 뿐입니다.

우리나라에서 아주 특별한 책이 한 권 출판되었습니다. 그 책은 미국

미주리주 캔자스 시에서 목회하던 윌 보웬(Will Bowen) 목사가 쓴 책입니다. '불평 없이 살아보기'란 제목으로 번역되었지만, 원제목은 '불평 없는 세상'(A Complaint Free World)입니다.

윌 보웬 목사는 "인간이 겪는 모든 불행의 뿌리에는 불평이 있다"라는 사실을 발견하고 불평 없는 세상을 만들기 위해 운동을 전개했습니다.

사실 이 말은 우리가 늘 듣고 말하는 말입니다. "행복의 뿌리는 감사이다. 감사하면 행복해 진다"는 말입니다.

그는 불평을 없애려고 불평제로 운동을 시작했습니다. 이것은 미국에서 큰 반향을 일으켰습니다. 그 운동은 보라색 고무 팔찌를 차고 다니면서 불평할 일이 생기면 즉시 팔찌를 다른 편 손목에 바꾸어 차면서 불평을 중단하는 훈련을 하는 것입니다. 그렇게 해서 21일 간만 실천하면 '의식하지 못하고 불평하던 삶'에서 '의식하면서 불평하는 삶'으로, 그리고 '의식하면서 불평하지 않는 삶의 단계'로, 그리고 '의식하지 않아도 불평하지 않는 삶의 단계'로 발전되어 간다는 것입니다.

'의식하지 않아도 불평하지 않는 단계'가 되면 입에서는 반드시 '감사'가 나온다는 것입니다. 감사가 나오면, 만족한 삶이 되고, 만족한 삶은 반드시 행복한 삶을 살도록 해 준다는 것입니다.

이 운동이 '오프라 윈프리 쇼', '투데이 쇼', '투나잇 쇼' 등에서 방영되면서 미국뿐만 아니라 현재 전 세계 80개국에서 600만 명이 '불평제로 프로젝트'에 참여하고 있다고 합니다. 이처럼 불평제로 운동을 하고, 불평 없는 삶이 되도록 의식적으로라도 힘써 보시기 바랍니다.

놀라운 사실은 내가 불평하며 살면 주변 모든 사람들과 환경은 온통 불평덩어리로 변하게 되고, 내가 감사하며 살면 나는 물론이고 주변 모든 사람들과 환경조차도 감사의 조건으로 변한다는 사실입니다.

따라서 내가 감사하며 사는 것 자체가 온 세상을 행복하게 만들고 복된 세상으로 만드는 통로가 되며 축복하는 제사장의 삶이 되는 것입니다.

사람이 살면서 반드시 해야 할 말들이 몇 가지 있습니다. 예를 들면, "힘을 내세요. 아름다워요. 축복합니다. 걱정하지마세요. 잘 될 것입니다. 용서합니다. 사랑해요. 감사해요"라는 말들입니다. 모두 실제로 한번 소리 내서 이 말을 해 보세요.

우리가 이런 말을 하고 살면 그 말을 하는 나도 즐겁고 힘이 나지만, 그 말을 듣는 사람들 역시 모두 즐거워지고, 힘이 나는 삶으로 달라지게 만듭니다.

이 말들 중에는 하나님에게도 할 수 있는 말이 있습니다. "사랑해요. 감사해요"라는 말입니다.

하나님을 사랑하는 사람은 누구든지 하나님께 감사하며 살 수 있습니다. 그리고 하나님께 감사하는 사람은 세상과 사람들에게도 감사할 수 있습니다. 우리의 감사하는 말은 놀라운 위력을 나타내서 모든 사람을 복되게 만듭니다.

하나님 앞에 감사할 일들을 생각하면서 "감사합니다.사랑합니다"라고 외치고, 전하며, 실천하며 살다가 감사가 충만한 가운데 하나님께 영광의 예배를 드리는 복된 감사의 사람들이 되기 바랍니다.

3부

기적의 통로 감사

"하나님의 역사는 기적입니다.
하나님의 기적의 역사는 감사를 가져옵니다.
이 감사는 또 다른 기적을 가져 옵니다.
기적과 감사는 서로 불가분의 관계에 있습니다."

정판식 목사

24. 감사는 기적이 일어나게 합니다

(마태복음 14:13-21)

경기도 죽전이라는 새로 생긴 도시에 '새에덴 교회'가 있습니다. 그 교회 목사님은 젊은 목사인데 개척하지 불과 몇 년이 되지 않았지만 많은 교인들이 모입니다. 그래서 큰 교회 건물을 건축했습니다.

그 목사님에게 "어떻게 그렇게 짧은 시간에 큰 교회로 성장시킬 수 있었습니까?"라고 물었더니 하는 말이 자기는 만나는 사람마다 "감사합니다"라는 말만 했다는 것입니다. 그랬더니 천막집이 곰팡이 나는 흙집이 되고, 흙집이 시멘트 건물이 되고, 사과박스 놓고 설교하다가 번듯한 강대상에서 설교 하게 되고, 남의 집 땅에서 예배드렸는데, 어느새 땅을 사고, 건물 짓고… 그러다가 이렇게 되었다는 것입니다. 그래서 자기는 더욱 할 말이라고는 "감사합니다"라는 말 밖에는 할 것이 없더라는 것입니다.

물론 순간순간 참으로 힘들고, 눈물 흘리고, 속상할 때가 수도 없이 많았지만 그럴 때 마다 '그래도 지금이 전 보다 낫다'라고 생각하며 감사하면서 살았다고 했습니다.

이렇게 사람들에게 감사하면서 살면 그 사람들을 통해서 좋은 일이 많이 생겨나는 것을 경험할 수 있습니다.

부모에게 감사하면 부모를 통해 좋은 일이 일어납니다. 자녀를 보면서도 감사하는 부모들은 그 자녀를 통해 더욱 감사할 일을 많이 보게 됩니다. 직장에서 사장님에게 감사하고, 상사에게 감사하면서 살면 그들을 통해서 더욱 감사할 일이 많이 생겨납니다. 부하 직원에게라도 감사하면서 살면 그들을 통해 좋은 일이 생겨납니다. 남편에게 감사하면 그를 통해 좋은 일이 일어나고, 아내에게 감사하면서 살면 아내를 통해 기쁘고 좋은 일이 거저 생겨납니다.

이것이 "심은 대로 거둔다"는 세상의 원리가 아니겠습니까. 감사를 심으니 감사의 열매가 주렁주렁 맺혀지는 것입니다. 불평을 심는데 감사가 나오겠습니까? 원망을 심는데 원망의 열매 말고 뭐가 열리겠습니까?

본문 말씀은 예수님 공생애 기간에 일어났던 '오병이어의 기적'을 증거하고 있습니다. 사복음서 마다 이 사실을 증거하고 있습니다. 오병이어의 기적이 너무나도 생생한 사건이요, 유명한 사건이기 때문입니다.

보리떡 다섯 개와 물고기 두 마리로 오천 명이 넘는 사람들을 배불리 먹이고, 12 광주리를 더 남긴 놀라운 기적을 증거 하는 목적은 이 기적을 일으키신 예수님은 생명의 떡으로, 세상에 오신 메시야임을 밝히고자 함입니다.

또한 예수님처럼 우리도 하나님께 감사하면, 그것도 미리 감사하면, 기적이 일어나는 것을 볼 수 있다는 것입니다. 비록 지금 가지고 있는 보리 떡 다섯 개와 물고기 두 마리는 참으로 시시하고 보잘 것 없는 적은 양이지만 그것을 가지고 하나님께 감사하였더니 놀랍게도 오천 명이 넘는 사람들이 먹고도 남는 역사가 일어났습니다.

현재 내가 가진 것이라고는 아무 것도 없고, 변변치 못하고, 하는 일이 시시해 보이지만, 그래도 하나님께 감사하며 살다보면, 놀라운 역사가 일어나는 것을 보게 된다는 것입니다.

항상 감사함으로 항상 기적을 볼 수 있기 바랍니다. 범사에 감사함으로 범사에 기적이 일어나는 것을 볼 수 있기 바랍니다.

그러면 어떻게 우리가 기적의 역사가 일어나는 감사의 삶을 살 수 있습니까?

예수님을 먼저 생각해야 합니다

항상 예수님을 먼저 생각하면 감사할 수 있습니다.본문에 보면, 식사할 시간이 넘었습니다. 저녁이 되었다고 했습니다. 많은 사람들이 배가 고픕니다. 제자들도 시장합니다. 제자들이 예수님에게 "이제 저녁도 되고 늦은 시간이니 무리들을 보내서 마을로 가서 먹을 것을 사 먹게 하소서"라고 간청을 했습니다. 그러자 예수님께서 "갈 것이 없다 너희가 먹을 것을 주라"고 명하셨습니다.

그렇지만 제자들이 가진 것이라고는 겨우 보리떡 다섯 개와 물고기 두 마리 뿐입니다. 자기들이 먹기에도 부족합니다. 그렇다고 어디 가서 사가지고 올 상황도 아니고, 설령 그 많은 떡이 있다 하더라도 사가지고 올 돈도 없습니다. 하지만 제자들은 오병이어를 예수님에게 드렸습니다.

오병이어를 가지고 나와서 예수님에게 드렸다는 것은 아이도, 제자들도 "예수를 먼저 생각했다"는 것을 의미하는 것입니다. 예수님을 생각하지 않았더라면 자기가 먼저 먹고 말았을 것입니다.

항상 예수님을 먼저 생각하세요. 아무리 어려운 형편이라도, 아무리 고통스러운 상황이라도 예수님을 먼저 생각하세요. 비록 변변찮은 것이라 할지라도 예수님에게 먼저 드리세요. 이렇게 예수님을 먼저 생각하면 저절로 감사가 나오게 됩니다. 그러면 놀라운 기적의 역사가 일어납니다.

시돈 땅 사르밧이란 곳에 한 과부가 어린 아들 하나를 데리고 살았는데, 오랜 가뭄 끝에 먹을 양식이 떨어졌습니다. 그래서 이제 남은 마지막 기름 한 방울과 밀가루 한 움큼으로 음식을 해 먹고 죽으려고 나뭇가지를 주우러 나왔다가 엘리야 선지자를 만났습니다. 엘리야 선지자가 그 과부에게 "내게 먼저 떡 한 조각을 가지고 오라"하고 청했습니다.

정말로 어려운 형편이었지만, 그 말을 듣고 밀가루와 기름 한 방울로 떡을 구어서 선지자에게 갖다 드렸습니다. 그 결과는 가뭄이 끝날 때까지 밀가루 통에 밀가루가 다하지 않고, 기름병에 항상 기름이 가득히 채워져 있는 기적을 보게 되었습니다(왕상 17장).

우리가 세상을 살다보면 너무나도 안타까울 때가 많습니다. 힘들고 어렵고 고통스러운 때가 있습니다. 기진해서 드러누울 때가 있습니다. 절망해서 포기할 때도 있습니다. 그래도 예수님을 먼저 생각하시기 바랍니다. 있는 그대로 예수님께 나오시기 바랍니다. 예수님께 드리시기 바랍니다. 그때부터 기적이 일어나는 것을 보게 됩니다.

기도해야 합니다

기적의 역사가 일어나는 감사의 삶을 사는 방법은 기도해야 합니다. 본문에 보면, 예수님께서 오병이어를 받아 들고 축사하셨다고 했습니다. 감사의 기도를 했다는 말입니다. 어떻게 감사하면서 기도했는지는 모릅니다. 하여튼 감사하면서 빌었습니다.

비록 하찮은 음식이고, 턱도 없이 모자라는 양식이었습니다. 환경과 형편을 생각하면 도무지 감사할 것이 없습니다. 그러나 하나님께 감사하면서 기도하였습니다. 그리고 제자들에게 나누어 주었습니다. 제자들은 무리들에게 나누어 주자 놀라운 역사가 일어났습니다. 오천 명이나 되는 사람들이 배불리 먹고 남았습니다. 어떻게 그런 일이 일어날 수 있습니까? 기도하며 하나님께 감사하니까, 그런 기적이 일어난 것입니다.

사도 바울도 말하기를 *"무엇이든지 감사함으로 구하라"*(빌 4:9)고 했습니다. 또한 *"기도와 감사함으로 깨어 있으라"*고 했습니다(골 4:2).

"깨어있으라"는 것은 항상 감사하면서 기도하라는 뜻입니다. 그러면 범사에 뛰어나신 하나님께서 우리의 모든 것을 다 아셔서 평강에 평강으로 지키시는 역사가 일어나게 하십니다.

여기서 말하는 평강으로 지키신다는 것은 참으로 중요한 말씀입니다. 평강이란 말은 무엇이든지 다 열 수 있는 '만능키'와도 같은 것입니다. 아플 때 평강은 건강하게 되는 열쇠입니다. 가난할 때 평강은 풍족한 생활의 열쇠가 됩니다. 어려울 때 평강은 형통하게 하는 열쇠입니다. 하나님께서 그렇게 만들어 주신다는 것입니다.

항상 기도를 잊어서는 안 됩니다. 기도하면 감사가 나오고, 감사하면서 기도하면 그 때부터 항상 평강으로 채우시는 하나님의 놀라운 역사를 보게 됩니다.

비교하지 말아야 합니다

기적의 역사가 일어나는 감사의 삶을 살려면 비교하지 말아야 합니다. 예수님은 오천 명이나 되는 무리와 오병이어를 비교하지 않았습니다. 제자들은 오천 명이 되는 무리와 자기들이 가지고 있는 오병이어를 비교했습니다. 그러자 도저히 해답이 나오지 않았습니다. 예수님은 그냥 오병이어를 들고 하나님을 바라보았습니다. 그러자 감사하며 기도하게 되었고 기적이 일어나는 것을 보았습니다.

많은 경우에 사람들이 불행하게 되는 것은 다른 사람과 나를 비교해 보는데서 오는 것입니다. 비교해 보니 불평이 나오고, 한심하고, 원망이 생기는 것입니다. 그러면 결코 행복해 질 수 없습니다.

저도 제가 불행하다고 생각될 때가 있습니다. 그게 언제인가 하고 살펴보니 역시 다른 사람과 비교하고 있을 때였습니다. 제가 사람들에게는 "다른 사람과 비교하지 마세요"라고 말하면서도, 막상 현실에 부딪히게 되면 곧잘 다른 사람과 비교하게 됩니다. 저 보다도 못한 사람이 큰 교회에서 목회하고 있는 것을 보면서 저는 한 없이 초라해 집니다. 저보다 못난 사람이 어디 있겠습니까만, 더욱 제가 초라해 보입니다. 제가 과거에 부목사일 때 데리고 심방 다니던 전도사가 이제는 목사가 되어서 큰 교회에 부임해 가서 훌륭하게 목회하면서 폼 잡는 것을 보면 저는 너무나도 무능한 사람이라고 생각하곤 했습니다.

제가 섬기는 교회보다 더 작은 교회 목사님이 잘 사는 것을 보면, 저는 너무나도 불쌍해 보입니다. 그렇지 않아도 작은데, 세상에서 제가 가장 못나고 작아 보입니다. 그러다보니 의기소침해 지고, 무능력해지고, 점점 연약해집니다.

감사는 사라지고 불행만 풍성합니다. 이것은 믿음을 가진 사람의 모습이 아닙니다. 믿음의 사람은 오직 예수님만 생각하고 예수님의 은혜로 된 내가 있음을 확인하면서 삽니다. 그러면 감사가 나옵니다.

감사의 삶으로 기적을 보며 살기 원한다면 결코 다른 사람과 비교하지 말아야 합니다. 다른 환경과 비교하지 말아야 합니다. 비교하는 행위는 다른 사람과 경쟁하게 만듭니다. 그러면 행복은 사라집니다. 감사생활이 무너집니다. 감사생활이 무너진 곳에서 기적의 삶은 불가능합니다.

25. 감사는 기적을 가져 옵니다 I

(시편 136:23-26)

　어느 날 유치원 선생님이 동물의 가면을 쓰면 아이들이 그 동물의 울음소리를 내는 게임을 하였습니다.

　선생님이 개구리 가면을 썼습니다. 그러자 아이들이 일제히 "개굴개굴" 했습니다. 강아지 가면을 썼습니다. 아이들이 "멍멍"하고 짖었습니다. 송아지 가면을 쓰면 "음매", 닭 가면을 쓰면 "꼬끼오", 호랑이 가면을 쓰면 "어흥"하고 소리를 냈습니다.

　선생님이 장난을 치려고 오징어 가면을 썼습니다. 선생님은 아이들이 무슨 소리를 낼지 궁금했습니다. 주저 없이 아이들이 일제히 오징어 울음소리를 냈습니다. 뭐라고 소리를 냈는지 아십니까? "함 사세요. 함 사세요"라고 하더랍니다.

　세상에 이렇게 하면 못 낼 울음소리가 없습니다. 세상에 안 되는 것도 없습니다. 좀 억지를 부리는 것 같습니다만 실제로 세상을 만드시고 만물을 주관하시고 홀로 기이한 일을 행하시는 여호와 하나님께 안 되는 것이 무엇이 있겠습니까.

본문 내용은 전능하신 여호와께 감사하라고 찬송하면서 여호와의 선하심과 인자하심을 노래하는 말씀입니다.

이스라엘 백성들은 여호와께서 그들을 인도하시고 돌보아주신 일들을 생각해볼 때 모든 것이 기적 같은 일들이었음을 노래했습니다. 천지만물을 창조하신 일, 애굽에서 인도하여 내신 일, 홍해 바다를 가르신 일, 광야를 통과해서 이방인들을 물리친 일, 가나안 땅을 기업으로 주신 일, 어느 것 하나 기적이 아닌 것이 없었습니다.

더군다나 비천한 가운데 있는 이스라엘 백성을 기억하셔서 인도하여 주시고 먹을 것을 주신 하나님을 생각하면 기적이란 말 외에는 달리 할 말이 없습니다.

이런 기적들을 생각하니 자연스럽게 감사가 나오는 것입니다. 이렇게 감사하니까 더욱 감사할 일과 기적이 더 많이 나타나는 것입니다. 감사가 기적을 가져오고, 기적이 또 다른 감사를 가져오고, 서로 상승작용을 하면서 계속 반복되어 이어지는 것입니다.

하나님의 역사는 기적입니다. 하나님의 기적의 역사는 감사를 가져옵니다. 이 감사는 또 다른 기적을 가져 옵니다. 기적과 감사는 서로 불가분의 관계에 있습니다.

감사를 통한 기적의 역사는 하나님을 안 믿는 사람에게서도 일어나는 일입니다. 그래서 세상 사람들도 감사생활을 강조하고 권면합니다. 특별히 병든 자들을 치료하는 일에 적극적으로 권장하고 있습니다.

어떤 사람이 자기는 열심히 세상을 살았는데 일은 안 되고, 삶은 고달 프고, 피폐해 지니 힘들었습니다. 하지만 악하게 살고, 거짓말도 잘 하는 사람은 너무나도 잘 삽니다. 그런 현실을 보면서 그 사람은 자기도 모르 게 불평을 하기 시작했습니다. 그러자 점점 불평과 원망이 심해지면서 이 상하게도 몸이 불편해 지기 시작했습니다. 점점 몸이 굳어지더니 이제는 완전히 전신에 마비가 왔습니다.

병원에 갔더니 병명이 나오지 않습니다. 정신과로 가라해서 정신과 의 사에게 진찰을 받았습니다. 의사가 환자의 이야기를 다 듣고 "하루에 일 만 번씩 '감사합니다'라는 말을 하세요. 이 감사의 말이 당신의 병을 치료 해 줄 것입니다"라는 처방을 내렸습니다.

그는 그날부터 병상에서 매일 "감사합니다"라고 중얼거리면서 생활을 했습니다. 오랜 시간이 흘렀습니다. 어느 날 그의 아들이 감 두개를 가지 고 와서 "아버지, 감 드세요"라면서 내밀었습니다.

그 사람은 자기도 모르게 손을 내밀면서 "감사합니다"하고 받았습니 다. 그 날 이후로 그의 굳었던 몸이 풀리기 시작했습니다. 머지않아 오랫 동안 그를 괴롭혀왔던 전신 마비 증세가 사라졌습니다. 기적이 일어난 것 입니다.

불평과 불만, 원망과 저주는 모든 질병의 원인이 됩니다. 자기 자신을 망치게 만듭니다. 그러나 감사는 인간의 질병을 치료하고 인간을 행복하 게 만드는 치료제가 됩니다.

불신자들도 이렇게 감사하면 놀라운 일이 일어나고 기적이 일어나는데, 모든 것이 하나님의 능력과 은혜로 된 것임을 고백하며 감사하고 찬송한다면 하나님께서 얼마나 놀라운 기적으로 응답하여 주시겠습니까.

여호와 하나님께 감사하는 고백은 질병의 치료제일 뿐 아니라 기적을 가져오는 힘이요, 행복을 불러들이는 문입니다. 감사의 문은 활짝 열고 불평의 문을 굳게 닫아서 항상 범사에 감사하며 살아서 늘 기적을 보고 영육 간의 축복을 받는 성도들이 되어야 합니다.

어떻게 하면 늘 감사하면서 살아서 기적을 체험할 수 있습니까? 먼저 "여호와 하나님 앞에서는 안 되는 것이 없다"라는 믿음이 있어야 합니다.

본문에서 여호와 하나님께 감사하며 찬송하는 시인의 마음에는 안 되는 것이 없다는 믿음이 확고하게 깔려 있습니다. "여호와 하나님 안에서는 모든 것이 이루어진다. 불가능이 없다. 못 할 일도 없다"는 믿음이 있어야 합니다.

이 믿음이 이스라엘 백성들을 수많은 역경과 고난의 세월 속에서도 감사하며 이기며 견디게 하는 힘이 되었습니다.

사도 바울도 그래서 예수 안에서 능치 못한 일이 없다고 고백하면서, 수많은 역경과 핍박 가운데서도 감사하면서 그의 사역을 이루어 나갔습니다.

그랬더니 하나님께서 바울의 모든 사역 가운데 역사하셔서 얼마나 많은 기적과 표적을 나타냈는지 모릅니다. 그래서 그는 더욱 담대하게 "내게 능력 주시는 자 안에서 모든 것을 할 수 있다"라고 하면서 외쳤습니다.

우리도 이 믿음을 가져야 합니다. 항상 여호와 하나님께 감사하는 노래가 있기 바랍니다. 믿음대로 되는 감사의 기적을 볼 수 있기 바랍니다.

둘째로, 감사로 인한 기적을 보면서 살려면 "나는 비천한 존재입니다"라는 겸손한 고백이 있어야 합니다.

이스라엘 백성들은 자신들이 비천한 존재임을 알고 있었습니다. 그들은 본래 아람 땅에서 양이나 치고 살던 유목민들이었습니다. 야곱도 애굽의 바로 왕 앞에 나갔을 때 자기소개를 유목민이라고 했습니다.

그런 이스라엘이 하나님을 버리고 우상 숭배하다가 애굽에서 종살이를 하는 비천한 자들이 되었습니다. 땅도 없고 나라도 없는 백성들이었습니다. 그런 사람들을 하나님께서 대적들에게서 건져주시고, 살펴주시고, 먹여주시고, 인도하여 주신 것입니다. 그 자체가 기적인 것입니다.

그 백성들에게 기적을 베풀면서 인도하여 주신 하나님은 오늘 우리들에게도 기적을 베풀면서 인도하시고 살펴 주시는 하나님이십니다. 그러므로 이런 하나님을 고백할 수 있으려면 먼저 나의 근본이 비천한 존재였음을 고백하고 시인하는 것이 우선 되어야 합니다. 그래야 감사가 나옵니다.

우리가 감사하지 못하는 이유는 자기가 대단한 존재인 줄로 착각하고 살기 때문입니다. 그래서 기이한 일을 행하시며, 인도하시고, 건져주셔도 "겨우 이정도야"하면서 오히려 불평하게 됩니다.

우리는 아무 것도 아닙니다. 흙이요, 먼지요, 티끌 같은 존재입니다. 대단한 것 같아도 눈에 보이지도 않는 바이러스 하나 이기지 못하여 아파하고 힘을 쓰지 못하고 쓰러질 수밖에 없는 연약한 존재입니다.

자신의 존재에 대해 겸손한 마음을 가질 수 있다면 어떤 경우에도 하나님의 작은 역사에도 감사하며 찬양할 수 있습니다. 그러면 항상 기적이 일어나는 것을 볼 수 있습니다.

기적이란 것이 처음부터 대단하게 계획하고 준비되어서 나타나는 것이 아닙니다. 겸손한 마음으로 일상 속에서 감사함으로 살다보면 기적이 나타나는 것입니다.

인류 역사상 가장 위대한 발견 가운데 하나가 '페니실린'이란 항생제의 발견입니다. 페니실린은 1928년에 플레밍이란 사람에 의하여 발견되었습니다. 그는 이 발견으로 노벨 의학상을 받기도 했습니다.

영국의 어느 시골에 런던에서 사는 소년이 놀러 와서 수영을 하다가 발에 쥐가 나서 물에 빠져 죽게 되었습니다. 그 때 자기보다 일곱 살이나 어린 시골 농부의 아들이 물속에 들어가서 그를 구해 주었습니다.

런던으로 돌아간 소년이 몇 년이 지나서 다시 그 시골 마을에 찾아왔습니다. 그리고 자기를 구해준 그 소년을 찾아서 장래 희망을 물었습니다. 그랬더니 그 아이가 의학 공부를 하고 싶다고 해서 집안 형편이 괜찮았던 그 런던 소년이 시골 아이를 자기 집으로 데리고 가서 런던에서 공부할 수 있도록 뒷바라지를 해 주었습니다.

그렇게 공부하기 시작한 시골 아이가 1928년 페니실린을 발견하게 되었습니다. 이 페니실린의 발견으로 의학계에 획기적인 치료가 이루어지게 되었던 것입니다.

런던의 그 소년도 자라서 훌륭한 사람이 되었습니다. 2차 대전시에 미국 루즈벨트 대통령과 함께 스탈린과 회담을 하러 갔다가 폐렴으로 죽을 지경에 이르렀습니다. 그 소식을 들은 플레밍이 자기가 막 발견한 페니실린을 공수해 보내 주어서 그의 생명을 또 한 번 살려 주었습니다. 그가 바로 유명한 영국의 수상 윈스턴 처칠입니다.

플레밍이 위대한 일을 하려고 물에 빠진 처칠을 구해 준 것이 아닙니다. 막 죽어가니까 당시에는 구해줄 상황이 되어서 구해 준 것입니다. 처칠도 자기가 페니실린을 발견할 위대한 의학자를 만들어 보겠다고 시골 아이를 런던으로 데리고 가서 공부하도록 뒷바라지 한 것이 아닙니다.

그들은 주어진 환경에서 작은 일이지만 감사했고, 감사함으로 인간된 도리를 하고 자신의 삶에 충실하다가 보니까 영국을 구한 처칠이 나왔고, 자기 생명을 두 번이나 구하게 되는 플레밍이 나왔고, 나아가서는 온 인류에게 엄청난 공헌을 하게 되는 역사가 일어난 것입니다.

뭔가 대단한 것을 계획해서 기적이 일어나는 것이 아닙니다. 겸손하게 자기의 비천함, 연약함, 부족함을 인정하고 주어진 환경에 감사하며 성실하고 책임 있는 삶을 살다가 보면 이런 놀라운 일이 일어나고 기적이 일어나는 것입니다.

셋째, 하나님은 인자하심이 영원하시다는 고백이 있어야 합니다. 본문에도 계속해서 시인은 "여호와의 인자하심이 영원함이로다"라고 노래하고 있습니다. 모든 것은 여호와의 인자하심에서 오는 것임을 고백하는 것입니다.

하나님의 인자하심이 어떤 때는 있다가 어떤 때는 사라지는 것이 아닙니다. 항상 있기 때문에 우리는 변덕이 죽 끓듯 하지만, 하나님은 변함없이 우리들을 사랑하시고, 인도하시고, 지켜주시는 은혜를 베풀어 주시는 것입니다.

우리들을 교회로 인도해 주시고, 하나님 앞에 서게 하시고, 예배하게 하심도 하나님의 인자하심이 있기 때문입니다. 그렇지 않으면 아무도 하나님 앞에 설 수 없습니다. 오직 하나님의 인자하심으로 인하여 우리는 하나님께 나와 예배드리는 것입니다.

26. 감사는 기적을 가져 옵니다 II

(역대하 20:20-24)

유다의 여호사밧 왕 때, 모압과 암몬과 마온 세 나라가 연합군을 결성해서 유다 왕국을 공격해 왔습니다. 그들이 엔게디를 지날 때 쯤 세 나라가 연합군을 결성해서 예루살렘으로 진군해 오고 있다는 소식이 여호사밧 왕에게 전해 졌습니다.

그 소식을 들은 여호사밧 왕은 두려움으로 떨렸습니다. 그러나 여호사밧 왕은 다른 왕들과는 다르게 여호와 하나님을 믿는 신실한 왕이었습니다. 온 백성들에게 이 소식을 선포하여 하나님께 기도하게 하고, 그도 역시 하나님 앞에 나가서 *"주의 이름이 이 성전에 있사오니 우리가 이 성전 앞과 주 앞에 서서 이 환란 가운데서 부르짖은 즉 들으시고 구원하시리이다. 우리 하나님이여 우리를 치러 오는 이 큰 무리를 우리가 대적할 능력이 없고 어떻게 할 줄도 알지 못하옵고 오직 주만 바라보나이다"*(대하 20:9, 12)라고 기도했습니다. 이렇게 온 백성들이 그들의 아내, 자녀와 더불어 하나님 앞에 섰습니다.

그 때 여호와의 영이 하나님의 종 야하시엘에게 임하여 백성들과 왕에게 "너희는 이 큰 무리로 말미암아 두려워하거나 놀라지 말라. 이 전쟁이 너희에게 속한 것이 아니요 하나님께 속한 것이니라"(대하 20:15)고 하나님의 말씀을 전합니다.

전쟁이 하나님께 속했다고 하는 말의 뜻은 "이번 전쟁으로 두려워하지 말고 염려하지 말라. 너희가 싸우는 것이 아니고 내가 싸우는 것이다"라는 뜻입니다. 하나님이 싸워서 그들을 물리치시겠다는 것입니다.

이 말을 들은 여호사밧 왕은 힘을 얻었습니다. 그리고 온 백성들에게 "너희는 너희 하나님 여호와를 신뢰하라 그리하면 견고히 서리라 그의 선지자들을 신뢰하라 그리하면 형통하리라"(대하 20:20)고 선포했습니다.

그리고 노래하는 자들을 택하여 세우고, 그들로 앞서 행진하며 "여호와께 감사하세 그의 인자하심이 영원하도다"라고 노래하게 했습니다(21절).

군인들이 싸우지 않고, 찬양대원들이 앞서 나가면서 감사하며 찬송을 하는데, 놀라운 일이 일어났습니다. 찬송이 시작될 때부터 복병들이 나가서 공격해 오는 무리들을 쳤는데 모압과 암몬과 나온 연합군이 패하였다고 했습니다.

더 놀라운 사실은 이 일로 인하여 그들이 서로 쳐 죽이는 일이 일어났습니다. 아마도 패배의 원인이 어디에 있는가를 서로에게 돌리면서 자중지란이 일어난 것입니다. 24절에 "유다 사람이 망대에 이르러 그 무리들을 본즉 땅에 엎드러진 시체들뿐이요 한 사람도 피한 자가 없는지라"고

하였습니다. 적군들은 완전히 패하여 망하고 전쟁이 끝나 버린 것입니다.

어떻게 이런 일이 일어났습니까? 성경이 말하는 것은 하나님께 감사하며 찬양할 때, 이런 놀라운 역사가 일어났다고 하였습니다.

감사하며 나가면 기적이 일어납니다. 감사하고 나가면 하나님이 역사하십니다. 전쟁만 하나님에게 속한 것이겠습니까? 모든 것이 하나님에게 속한 줄로 믿습니다. 전쟁을 주관하시고 섭리하시고 이기게 하시는 하나님은 온 세계를 주관하시고 이기게 하시는 줄 믿습니다. 오늘날도 우리가 감사하고 나가면 모든 것에서 하나님이 역사하시고, 기적을 만들어 내시고 형통하게 하십니다.

이런 역사는 출애굽에서, 가나안 정복사에서도 계속 증거 되고 있습니다. 이스라엘 백성들이 가나안 땅에 들어가려고 요단강을 건넜는데 크고 강한 성 여리고가 앞을 막고 있었습니다. 그 때 이스라엘 백성들이 한 일이 뭡니까. 하나님의 법궤를 메고 제사장들이 앞 장 서서 여리고성을 찬양하며 돌았습니다. 그렇게 하기를 육일 동안 하고 일곱 번째 날에 일제히 소리를 질렀습니다.

"여리고야 무너져라"고 외쳤더니 놀라운 역사가 일어났습니다. 여리고 성이 그냥 무너져 내렸습니다. 이스라엘 백성들이 손 하나 댄 것이 없었습니다. 감사로 인하여 일어난 기적인 것입니다.

감사하면서 하나님을 찬송할 때, 하나님이 친히 싸워서 원수를 진멸하여 승리하는 놀라운 사건이 일어났습니다. 어떤 사람은 말하기를 "감사는 연약한 인간이 전능하신 하나님의 능력을 이끌어 오는 전기 줄과 같다"
라고 했습니다.

수력, 화력, 그리고 원자력 발전소에서 전기를 만들어 내면 그 전기를
공장이나 가정으로 이끌어 와야 에너지를 얻을 수 있습니다. 그 전기를
이끌어 와서 가정에서나 공장에서 사용하려면 그 전기를 이끌어 오는 전
기 줄이 있어야 합니다.

그러면 그 큰 힘이 전기 줄을 타고 와서 공장의 엄청난 기계들을 움직
이고 제품들을 만들어 냅니다. 가정에서도 여러 가지의 에너지로 사용합
니다. 감사는 하나님의 큰 힘을 끌어오는 줄과 같은 것입니다. 그래서 감
사하는 사람은 하나님의 놀라운 능력과 기적을 체험하게 되는 것입니다.

날마다 입술에 감사의 찬양으로 채우시기 바랍니다. 하나님의 놀라운
능력과 힘을 이끌어 올 수 있습니다. 우리 삶에 항상 놀라운 역사, 기적으
로 채울 수 있습니다.

여호사밧과 백성들이 일제히 여호와 하나님께 "감사하세 여호와의 인
자하심이 영원하시도다"라고 찬양하였더니 두려움이 변하여 담대함이
생겼습니다. 전쟁에서 이기는 역사가 일어났습니다. 감사하며 나가니까
여호사밧의 믿음대로 하나님이 함께 하는 역사가 나타났습니다. 전쟁이
하나님께 속한 것이 증명되었습니다. 유대를 공격하러 온 적군들이 자기
들끼리 서로 쳐 죽이는 기적이 일어났습니다.

감사하며 나가니까 문제가 해결되었습니다. 온 백성들을 걱정과 두려
움과 염려 속에 몰아넣었던 엄청난 문제가 일시에 해결되었습니다.

감사하며 나가니까 크게 이기게 함으로 온 백성들 가운데 기쁨과 즐거움으로 채워지게 되었습니다. 감사하며 나가니까 결국 모든 다툼과 싸움과 분쟁이 사라지고 나라가 평안해 지고 사방에서 평강하게 되는 역사가 나타났습니다.

우리도 항상 여호와께 감사하며 일어나 찬송하고 나가는 가운데 이런 놀라운 기적을 보며 사는 성도들이 되어야 합니다.

감사를 드리는 모든 분에게 즉시 문제가 해결되기 바랍니다. 분쟁이 사라지기 바랍니다. 평안의 은혜가 넘치기 바랍니다. 부족한 것들이 채워지기 바랍니다. 걱정, 근심, 염려거리가 사라지기 바랍니다.

그러려면 여호사밧처럼 항상 하나님 앞에 나와서 엎드려 경배해야 합니다. 모압, 암몬, 나온 연합군의 공격 소식을 들었을 때 두렵고 떨리는 상황이었지만, 여호사밧은 하나님께 엎드려 경배하며 기도했습니다.

우리에게 기적을 가져오게 하는 참된 감사는 하나님 앞에 나와서 엎드려 경배하며 감사하는 것입니다.

하나님께 감사하는 사람은 전적으로 여호와 하나님을 신뢰해야 합니다. 20절에 "하나님을 신뢰하라 그의 선지자들을 신뢰하라"고 했습니다. 감사의 기본자세는 신뢰입니다. 신뢰하는 자세가 없으면 감사할 수 없습니다. 감사한다 해도 진실한 감사가 아닙니다. 그냥 이해관계에서 뭔가 이득을 원해서 감사하는 것에 불과한 것입니다.

하나님 앞에서의 감사는 그런 차원의 감사가 아닙니다. 온전히 신뢰하는 관계에서 모든 것을 맡기고 믿음으로 감사하는 것이고, 이런 모습을 하나님이 보시고 놀라운 기적와 역사를 만들어 내시는 것입니다.

그리고 하나님께서 주시는 기적을 가져오는 감사는 구체적으로 표현되어야 합니다.

본문에 노래하는 자들로 앞장 서 나가면서 "감사하세"라고 찬양하게 한 것처럼, 입술로 표현 되어야 합니다. 찬양으로 나타나야 합니다. 몸으로도 나타나야 합니다. 주님 주신 물질을 가지고 나와서 감사하는 것입니다.

이런 감사는 그 자체가 간증이요, 그것을 보는 사람들에게는 바로 전도가 되는 것입니다. 무엇보다도 우리의 자녀들이 그것을 보고 따라합니다. 그래서 그들에게도 하나님 주시는 기적의 역사가 이어져 가는 것입니다.

날마다 기적의 삶을 살기 원하시면 날마다 감사하시기 바랍니다. 우리의 자녀들이 일마다, 때마다 기적의 삶을 살기 원하면 감사하는 삶을 구체적으로 보여주어야 합니다. 입술로 고백하고, 찬양으로 나타내며, 몸으로, 물질로 감사를 표현하므로 자녀들이 배우게 해야 합니다. 그러면 반드시 우리의 자녀들에게도 기적의 역사가 나타날 것입니다.

27. 감사는 예수님으로 감사하게 만듭니다

(요한복음 11:32-44)

사람이 평생에 가장 많이 하는 말은 "얼마입니까?"라는 통계가 있습니다. 이 말이 얼마나 신빙성이 있는 말인지는 모르겠지만 가만히 생각해 보면 일리가 있습니다.

사람이 태어나기도 전에 엄마가 병원에 가서 "아기를 출산하는데 드는 돈이 얼마입니까?"라고 묻습니다. 태어난 아이는 평생을 "얼마입니까?"라고 물으며 살다가, 죽을 때도 장례식장에 가서 "장례비가 얼마입니까?"라고 묻고 죽습니다. 물질문화에 똘똘 싸여서 사는 인생을 잘 표현한 말이라고 생각합니다.

육신을 가지고 사는 인간이라 어쩔 수 없는 일이라 여겨지면서도 한편으로는 너무나도 돈에 매여 사는 인생이라 처량하게도 여겨집니다. 그리스도인들도 이렇게 살다가 죽는다고 생각하면 참으로 안타깝습니다. 왜냐하면 그리스도인은 육적인 것 보다는 영적인 것을 귀하게 여겨서 뭔가 세상 사람들과는 달라야 하기 때문입니다.

우리는 "얼마입니까?"라는 말 보다는 신령한 말을, 천국 방언을 하며, "감사해요. 사랑해요. 할렐루야"라는 하나님께 영광을 돌리는 말을 더 많이 하는 삶이 되어야 합니다.

저는 개인적으로 감사주일을 맞을 때 마다 늘 마음에 헤아려보는 것이 있습니다.

'지금까지 살면서 가장 감사한 일이 무엇이었나?'
'그 일을 지금도 여전히 감사한 일로 여기고 있는가?'
'하나님께서는 나를 보시고 얼마나 감사한 마음을 가지실까?'
'어떤 부분에서 하나님은 나를 보시고 감사하다고 여기실까?'

내가 예수님께 감사하다는 말을 많이 하는 것도 중요하지만, 예수님께서 나를 인하여 감사하는 마음을 갖도록 하는 삶도 중요하다고 생각한 것입니다.

대체로 자녀들이 부모님의 은혜를 생각하면서 감사하다는 말을 합니다. 부모들도 자녀들을 보고 "잘 자라주어서 고맙다"라고 할 때가 있습니다. 그렇다면 내가 무언가 예수님을 기쁘게 하고 예수님께 좋은 일을 하면 예수님께서도 감사하다고 표현을 하시지 않겠느냐는 것입니다.

사람들은 감정이 무디어지고, 욕심이 많아서 웬만해서는 감사하다고 여기지않는 사람도 있습니다. 그러나 예수님은 아주 작은 일에도 감사하며, 기뻐하고, 그 기쁨을 이기지 못해 하시는 분이십니다.

마음가짐이나 성정(性情)에 있어서는 예수님의 마음이나 사람들의 마음이나 비슷합니다. 왜냐하면 사람은 하나님의 형상을 따라서 만들어졌기 때문입니다. 그래서 우리가 감사하면 예수님도 감사할 수 있는 것입니다.

그러면 무엇을 해서 예수님께서 내게 대하여 감사한 마음을 갖도록 할 수 있습니까.

솔직히 저는 이 말씀을 받으면서 회개를 많이 했습니다. 아무리 생각해 보아도 제가 한 일이 너무나도 없기 때문입니다. 예수님께서 저를 통해서 특별히 고맙게 여길 일이 없을 것 같습니다. '성도들도 별로 저에게 고맙게 여기는 일이 없는데 예수님께서 뭐 고맙다고 생각하겠는가'라고 생각하면 부끄러워서 회개하고 기도를 많이 했습니다.

'예수님께서 나로 인하여 감사하는 말씀을 하실 수 있도록 더욱 열심히 섬기며 살아야겠다. 그리고 하나님께서 내게 이것을 성도들에게 전하라고 주신 말씀이다'라는 생각을 했습니다.

어떻게 하면 예수님께서 나로 인하여 감사한 마음을 가지시고 감사를 표현하시게 할까요?

본문을 보면, 나사로가 죽었지만 예수님께서 전도하시는 일로 베다니 나사로의 집에 올 여유가 없어 오지 못한 사이에 그만 나사로가 죽었습니다. 장례를 다 치르고 사람들이 나사로 일로 슬퍼하며 울고 있을 때에 예수님께서 오셨습니다.

마리아가 "예수님께서 여기 계셨더라면 내 오라비가 죽지 않았을 것입니다"라고 하면서 슬퍼했습니다. 이 말은 결코 원망이나 불평하는 말이 아닙니다. 주님께서 그런 능력을 가지고 계심을 고백하는 말인 것입니다. 그러자 예수님께서 심령에 비통하게 여기시고 불쌍히 여기시며 본문 35절에서 "예수님께서 눈물을 흘리셨다"라고 했습니다.

나사로가 부활한 이후에 마리아는 향유 한 옥합을 깨뜨려서 예수님 발에 붓고 닦아드릴 때, 예수님께서는 "내게 좋은 일을 하였다"라고 하시며 크게 칭찬하시고 복을 내리셨습니다. 예수님의 마음을 크게 감동시키고 감사의 마음을 갖게 한 것입니다.

어떻게 마르다, 마리아, 나사로 남매는 예수님의 마음에 감사의 마음을 갖도록 했을까요?

보통 사람들은 자기가 원하는 것이 이루어지며, 좋아하는 일이 주어지고, 자기를 좋아하는 사람이 있을 때 감사합니다. 감사뿐 아니라 감동을 합니다. 예수님께서도 우리를 통해서 감사의 마음을 갖는다면 같은 이유가 아니겠습니까.

예수님으로 감사하게 하려면, 먼저 힘든 일을 만나도 낙심하지 않고 예수님을 여전히 신뢰하고 믿으면 주님은 그로 인하여 감사한 마음을 갖습니다. 힘들고 어려워도 예수님께 불평하거나 원망하지 않고 흔들리지 않고 믿을 때 예수님은 감사하는 마음을 갖습니다. 고통을 겪고 환란을 당해도 하나님을 찬양할 때 예수님은 감사해 합니다.

본문을 보면 예수님이 우셨다고 했습니다. 감동하셨기 때문입니다. 그렇게 슬프고 가슴 아프고 힘든 상황인데도 예수님을 원망하기보다도 예수님을 기다리고, 바라보고, 신뢰하고 있었기 때문입니다. 흔들림 없는 믿음으로 변함없는 예수님을 바라보고 살면, 예수님께서도 그 믿음을 보시고 감사하는 마음을 가지십니다.

두 번째로, 예수님으로 감사하는 마음을 갖도록 하려면 주님이 원하시고 기뻐하시는 일을 해 드리면 됩니다.

예수님이 원하시고 기뻐하시는 일이 무엇입니까? 예수님께서는 "네가 믿으면 하나님의 영광을 보리라 하지 아니하였느냐"(40절)라고 하셨습니다. 그래서 사람들이 돌을 옮겨 놓자 예수님께서 기도하시면서 "아버지여 내 말을 들으신 것을 감사하나이다"(41절)라고 했습니다. 예수님의 말씀을 들으면 감사해 하십니다.

하나님 영광을 드러내고, 그 영광을 드러내기 위하여 예수님의 말씀을 들으면 감사하는 마음을 갖습니다.

특별히 우리가 들어 드려야 할 예수님의 소원은 많은 사람들을 주님께 인도하여 구원받게 하는 일입니다. 디모데전서 2장 4절에서 "하나님은 모든 사람이 구원을 받으며 진리를 아는 데에 이르기를 원하시느니라"고 했습니다.

예수님은 한 영혼이 회개하고 돌아오는 것을 기뻐하시고 소원하십니다. 왜냐하면 한 영혼이 천하 보다 더 귀하기 때문입니다.

누가복음 15장 7절 말씀에서 "이와 같이 죄인 한 사람이 회개하면 하늘에서는 회개할 것 없는 의인 아흔아홉으로 말미암아 기뻐하는 것보다 더하리라"고 하였습니다. 이렇게 귀한 영혼이기 때문에 예수님께서는 친히 그 한 영혼 구원하시기 위하여 세상에 오셔서 십자가에 못 박혀 죽으신 것입니다.

본문 42절에서도 예수님께서는 하나님께 기도하시면서 "둘러 서있는 무리들을 위함이니 곧 아버지께서 나를 보내신 것을 그들로 믿게 하려 함이니이다"라고 했습니다. 사람들로 예수님을 믿게 해서 그들을 구원에 이르게 하기 위함이라는것입니다.

한 영혼을 주님께로 인도하여 구원에 이르도록 할 때 주님은 그 일을 행한 나를 통해 감사해 하십니다.

그 다음에 예수님이 나를 통해서 감사해 하시기 위해 예수님께 내 마음을 드려야 합니다. 그러면 예수님은 감사해 하실 뿐 아니라 감동해 하십니다.

내 마음을 어떻게 예수님께 드릴 수 있겠습니까? 내 심장을 도려서 하나님께 드리면 될까요?

예수님께서는 "물질이 있는 곳에 마음이 있다"라고 했습니다. 물론 마음에도 없이 물질을 드리는 사람도 있을 수 있습니다. 그러나 일반적으로 마음이 없으면 결코 물질을 드릴 수 없습니다.

마리아, 마르다, 나사로 남매는 주님 앞에 드리는 것이라면 어떤 것도 아까워하지 않았습니다. 자기들의 생명이라도 드릴 수 있는 헌신의 사람들이었습니다. 그들이 모든 것을 주님께 드릴 때, 주님은 그들의 헌신을 보시고 진심으로 감사하였습니다.

우리도 모든 것을 주님께 드릴 수 있는 헌신이 있어야 합니다. 물질을 드리는 것은 물론이고 마음도 드리는 성도가 되어야 합니다. 주님은 그런 나를 통해서 감사해 하시며 감동받으십니다.

우리 모두는 반드시 마지막 때에 하나님의 심판대 앞에 섭니다. 우리가 행한 대로 선악 간에 심판을 받습니다. 천년만년 언제까지나 마음대로 살 수 있는 인생이 아닙니다. 하나님 앞에 설 때, "참으로 고맙고 감사하다. 네가 나를 위하여 귀하게 살아 주었구나. 내가 네게 부탁한 말을 그렇게 소중하게 여기고 잘 따라 주었구나. 내 교회를 이렇게 아름답게 세웠구나. 네가 내 대신 수고하여 열매 맺은 저 영혼들을 보아라. 얼마나 아름다우냐"라고 감사해 하시고 주님 오른편의 자리에서 영화롭게 되는 축복을 받아야 합니다.

예수님께서는 이렇게 감사하는 마음을 갖게 되면 놀라운 역사를 나타냅니다. 본문 44절에서 예수님께서 감사하는 마음을 갖고 있으므로 죽은 나사로가 다시 살아나는 놀라운 역사가 일어났다고 증거하고 있습니다.

죽은 자도 살리시는 예수님이 무슨 일인들 못하시겠습니까. 죽었던 사람도 살려 주셨는데, 그 사람을 위하여 무엇인들 못해 주겠습니까. 예수님으로 하여금 감사하는 마음을 갖도록 하는 사람에게 우리 주님은 새 생명뿐 아니라, 모든 필요한 복을 내려 주십니다.

28. 감사는 감사를 낳습니다

(출애굽기 23:14-17)

어느 여성이 시퍼렇게 멍든 눈으로 이혼 담당 변호사를 찾아와서 "변호사님, 남편이 저를 이렇게 폭행했는데 어떻게 하면 좋습니까?"라고 하소연했습니다. 상담 중에 변호사가 "당신이 이렇게 맞기 전에 남편에게 한 말이 뭡니까?"라는 질문을 했습니다.

그 여자는 "남편이 너무 미워서 도저히 참을 수가 없었습니다. 그래서 '그래 잘났다. 그래도 사내라고… 당신이 해준 게 뭐가 있어? 때려봐! 그래 아예 죽여라! 죽여! 그래도 꼴에 자존심은 있어서…'라고 말해 주었습니다"라고 했습니다.

그 말을 듣고 난 변호사가 그 여자에게 한마디 했습니다. "당신은 남편한테 감사해야겠습니다." "아니 변호사님, 남편이 이렇게 저를 때렸는데 뭐가 감사합니까?" "고객님이 죽이라고 했는데 남편이 당신을 죽이지 않고 때리기만 했으니, 얼마나 고마운 일입니까?"

부부가 서로에게 감사한 마음으로 살면 싸울 일이 없습니다. 혹 싸우더라도 "때려라. 죽여라"같은 말은 하지 마세요. 얻어맞고도 할 말이 없습니다. 그저 감사하며 사는 지혜가 필요합니다.

하나님께서 사람을 창조하신 목적은 사람들로 인하여 감사와 찬송을 받기 위해서 입니다. 이사야 43장 21절에서 "이 백성은 내가 나를 위하여 지었나니 나에게 찬송을 부르게 하려 함이니라"고 하였습니다. 데살로니가 전서 5장 18절에도 "범사에 감사하라 이는 그리스도 예수 안에서 너희에게 향하신 하나님의 뜻이라"고 했습니다.

하나님께 감사하는 삶을 살면 하나님이 가까이 하고 계심을 느낄 수가 있습니다. 감사하는 마음으로 예배드리면 은혜를 받습니다. 감사함으로 기도하면 응답받습니다. 감사함으로 순종할 때 축복이 임합니다. 감사함으로 씨를 뿌리면 감사의 꽃이 피고 열매가 주렁주렁 열리게 됩니다.

감사는 사람들의 삶을 복되게 하는 아주 중요한 요인입니다. 그래서 하나님께서는 우리들에게 감사하라 하시며, 예배도 감사함으로 하라 하시고, 기도도 감사함으로 아뢰라 하시고, 찬송도 감사함으로 찬양하라고 명령하셨습니다.

"감사함으로 주께 나아오라"(시 100:1).

"시와 찬송과 신령한 노래를 부르며 감사하는 마음으로 하나님을 찬양하고 무엇을 하든지… 하나님 아버지께 감사하라"(골 3:16,17).

우리가 세상을 살면서 육신을 가지고 살기 때문에 나도 모르게 불평하고 원망도 합니다. 하지만 하나님을 믿는 성도들은 항상 감사하고 범사에 감사해야 합니다. 좋을 때 뿐 아니라 힘들고 어려워도 감사해야 합니다. 고난 중에도 감사해야 합니다.

욥이 그런 사람이었습니다. 욥만 그런 것이 아닙니다. 대부분 복을 받고 믿음으로 산은 분들이 다 이렇게 힘들고 어려워도 감사하며 살았습니다. 다니엘도 사람들의 모함과 음모로 사자 굴에 들어갔지만 전능하신 하나님께 찬양하며 감사했습니다. 사도 바울도 그랬습니다. 복음전하다가 두들겨 맞고 감옥에 갇혔지만, 그 때도 하나님을 찬양했습니다.

사랑의 원자탄이라고 불리는 손양원 목사님도 1948년 '여순 반란 사건'때 두 아들이 공산당원에 의해 죽었지만 두 아들의 장례식장에서 답사를 할 때 "분에 넘치는 은혜로 감사합니다"라고 했습니다. "아들이 순교한 것이 감사하고, 그것도 한 아들이 아니라 두 아들이 순교했으니 더 감사하고, 미국 가려고 준비하던 아들이 미국보다 더 좋은 천국가게 해 주셨으니 감사하고…"라고 하면서 감사의 고백이 아홉 가지나 되었다고 합니다.

그리스도인들이 하나님께 이 정도의 감사를 돌릴 수 있어야 합니다. 단순히 좋은 일이 있어서, 마음의 소원이 이루어져서, 하는 일이 잘 돼서 감사한다고 하면 불신자나 우상숭배자와 다를 것이 없습니다.

하나님은 모든 사람들이 어려움 속에서도 감사하고 고난 속에서도 감사하는 성숙한 신앙인이 되기를 원하십니다. 그래야 감사생활을 통해서 더욱 신령한 복을 받아 누릴 수 있습니다.

사도 바울은 이런 하나님의 섭리를 깨닫고 "하나님께서 지으신 모든 것이 선하매 감사함으로 받으면 버릴 것이 없나니"라고 가르쳤습니다. 심지어 내게 손해를 끼치고 나를 힘들게 하는 일이라 할지라도 감사함으로 받으면 내게 복된 일이 되더라는 것입니다. 이것이 하나님 안에서 발견되는 믿음의 법칙입니다.

힘들고 어려운 일이지만 하나님의 계획과 섭리를 볼 수 있다는 것은 전적으로 믿음입니다. 믿음이 있어 그것을 생각하고 감사하는 것입니다. 믿음의 눈을 가지고 감사하면 하나님께서 기억하시고 어려움이 변하여 형통함이 되고, 고통이 변하여 기쁨이 되고, 화가 변하여 복이 되는 역사가 일어나는 것입니다. 감사하는 만큼 믿음이 성숙해 지는 것입니다.

그러나 이런 믿음이 없고 감사할 줄 모르면 그 사람은 힘들고 어려운 일을 만날 때, 좌절하고 결국은 될 대로 되라는 식으로 포기해 버립니다. 망하는 길로 가는 것입니다. 이런 삶을 사는 사람에게는 은혜도 없고, 하나님의 역사도 없고, 주님 주시는 복도 없습니다.

우리가 하나님께 감사하는 삶을 살게 될 때 하나님께서 주시는 놀라운 응답의 역사가 있습니다. 시편 50편 23절에 "감사로 제사를 드리는 자가 나를 영화롭게 하나니, 그 행위를 옳게 하는 자에게 내가 하나님의 구원을 보이리라"고 했습니다.

17세기 영국의 한 시인은 "하나님께서는 저에게 너무나도 많은 것을 주셨습니다. 그러나 제게 한 가지만 더 주옵소서. 늘 감사할 수 있는 마음을 주옵소서"라고 기도했습니다. 우리도 이 기도를 해야 합니다.

감사생활은 내 힘과 의지로 할 수 없습니다. 악한 마귀가 우리들로 하여금 감사하기 보다는 불평하고 원망하며 살도록 얼마나 유혹하고 시험하는지 모릅니다. 그래서 자나 깨나 감사생활을 할 수 있도록 기도해야 합니다.

남아프리카 공화국에는 전 세계적으로 존경받는 넬슨 만델라 전 대통령이 살고 있습니다. 그는 세계 대통령 중에서 감옥에 가장 오래 있었던 사람입니다. 무려 27년 간 감옥 생활을 했습니다. 그가 우여곡절 끝에 출옥하게 되었습니다. 그 때 사람들은 넬슨 만델라가 오랫동안 감옥에 있었으니 아주 허약한 상태가 되어서 나올 것이라 생각했습니다.

하지만 70세가 넘었는데도 불구하고 그는 아주 건강한 모습으로 감옥소에서 걸어 나왔습니다. 수많은 취재진들 중에 한 기자가 너무나도 의외의 모습으로 나오니까 놀라서 "다른 사람들은 5년만 감옥살이를 해도 건강을 잃어서 나오는데 어떻게 당신은 27년 동안 감옥살이를 하고서도 이렇게 건강할 수 있습니까?"라고 물었습니다.

넬슨 만델라는 그 질문에 "나는 감옥에서 하나님께 늘 감사했습니다. 하늘을 보고 감사하고, 땅을 보고 감사하고, 물을 마시며 감사하고, 음식을 먹으며 감사하고, 강제 노동을 할 때도 감사하고… 늘 감사했기 때문에 건강을 지킬 수 있었습니다"라고 대답을 하였습니다.

그 후 만델라는 노벨 평화상을 받았고, 남아프리카 공화국 최초의 흑인 대통령에도 당선되었습니다. 감옥 밑바닥에서 살았지만 '감사'가 만들어낸 또 하나의 기적입니다.

감사는 또 다른 감사를 낳습니다. 갈라디아 6장 7절에 "사람이 무엇으로 심든지 그대로 거두리라"고 했습니다. 감사를 심는 자는 분명히 감사를 거두게 하십니다. 불평을 심으면 불평을 낳습니다.

우리는 늘 감사해야 합니다. 감사가 또 다른 감사를 가져오므로, 감사하며 사는 사람은 행복할 수밖에 없습니다. 감사함으로 하나님의 말씀 따라서 첫 열매를 하나님께 드리고, 가장 좋은 것을 하나님께 드리는 것입니다(16,19절).

어떤 언어학자가 세계 사람들의 언어가운데 감사를 표현하는 것을 연구했습니다. 그런데 놀랍게도 후진국으로 갈수록 감사를 표현하는 말이 적다는 것입니다.

예를 들면, 세계에서 가장 감사를 표현하는 말이 적은 나라가 '방글라데시'라고 합니다. 그 나라 사람들은 감사하다는 말을 별로 사용하지 않습니다. 감사가 빈약하면 그만큼 가난해 지는 것입니다.

우리도 생활 속에서 감사하다는 말에 인색하게 되면 가난해 집니다. 감사하다는 말을 인색하게 하면 하나님께서 복을 주시지 않습니다.

가만히 보면 못 사는 사람들이 주로 불평이 많습니다. 원망이 많습니다. 그러나 잘 사는 사람은 감사가 많습니다. 잘 사니까 감사하는 것이 아니고 감사하니까 잘 살게 되는 것임을 깨달아야 합니다.

사도 바울은 우리에게 "너희는 감사하는 자가 되라"(골 3:15)고 권면합니다. "하나님 감사합니다"를 마음으로 외쳐 보세요. 거듭하여 외쳐보세요. 만나는 사람마다 말해 보세요. 감사할 일이 거저 생깁니다.

옛날 어느 마을에 마음씨가 착하고 부지런한 농부가 살고 있었습니다. 그 농부가 어느 해에 무를 심었는데, 농사가 얼마나 잘 되었는지, 무 하나가 거의 사람 몸뚱이만 했습니다. 농부는 이렇게 잘된 무를 혼자 먹기가 너무 아까워서, 농사가 잘된 것이 그 고을을 잘 다스려 주신 원님의 선정 탓이라 생각하고, 그 무 하나를 잘 포장해서 원님께 갖고 갔습니다.

그 무를 받은 고을 원님은 너무 기뻤습니다. "이렇게 착한 농부가 다 있나"하고 칭찬을 한 뒤에, 하인을 불러 "요즘 관가에 들어 온 것 중에서 가장 귀하고 좋은 것이 없느냐"고 물었습니다. 하인은 "최근 들어 큰 황소 한 마리가 들어 온 게 있습니다"라고 말했습니다. 그 말을 들은 원님은, "그 황소를 끌어다가 이 농부에게 주라"고 했습니다.

감사할 줄 아는 마음씨 착한 농부는 무 한 개를 드리고, 그 대신에 크고 좋은 황소 한 마리를 얻게 되었습니다. 그러자 이 소문이 그 날로 온 동네에 퍼졌습니다.

그 마을에 사는 심보가 고약한 한 농부가 생각하기를 '무 한 개를 갖다드리고, 황소 한 마리를 얻었으니, 내가 황소 한 마리를 갖다 드리면, 이번에는 땅이라도 몇 마지기 얻을 수 있겠지'라고 생각했습니다.

그는 자기 집에서 키우고 있는 황소를 끌고 원님에게 가서 "저는 오랫동안 집에서 황소를 길러 왔습니다만, 이렇게 크고 좋은 황소는 처음입니다. 이것이 다 원님께서 백성을 잘 다스려 주신 덕택인 줄 알고 이 황소를 바치려고 가져 왔습니다"라고 하였습니다.

원님은 이 역시 마음씨가 착한 농부라고 칭찬한 다음에, 하인을 불러 요즈음 관가에 들어온 것 중에서 귀한 것이 없느냐고 물었습니다. 그러자 하인은 "며칠 전에 들어 온 크고 잘 생긴 무가 하나 있습니다"라고 대답했습니다. 원님은 "그 무를 이 농부에게 갖다 주라"고 명령했습니다.

심보가 고약한 농부는 무란 말을 들었을 때, 가슴이 철렁 내려앉았습니다. 그러나 어쩔 도리가 없었습니다. 그 농부는 별 수 없이 무 한 개를 들고 집으로 돌아올 수밖에 없었습니다.

이 이야기는 '감사로 사는 사람과 욕심으로 사는 사람'의 모습을 대조적으로 잘 보여주는 이야기 입니다.

우리는 순수한 마음으로 하나님께 감사하는 삶을 살아야 합니다. 비록 아무 것도 없어도 생명을 가지고 사는 그것 하나만으로도 감사할 줄 아는 생활이 필요합니다.

29. 감사는 감사하는 방법을 따라 해야 합니다

(시편 116:12-19)

일반적으로 성도라면 하나님께 감사하는 삶을 살아야 한다는 것을 다 압니다.

그런데 삶속에서 실제로 하나님께 감사하며 산다는 것이 쉽지 않습니다. 얻은 열매가 없고 이루어진 것이 없을 때는 더욱 감사하기가 어렵습니다. 때로는 이루어진 것이 있어도, 열매를 맺었어도 선뜻 감사하지 못합니다. 감사하는 방법조차도 모릅니다.

감사할 때 아무렇게나 감사하는 것이 아니라 하나님이 원하시는 방법이라야 합니다. 아무리 내 생각이 훌륭하고 좋아도 하나님이 원하시는 방법이 아니면 아무런 소용이 없습니다.

성경에 나오는 첫 번째 추수감사예배에 대한 기록은 가인과 아벨 때입니다. 가인은 자기 나름대로는 최상의 것으로 최선을 다하여 드렸습니다. 아벨도 자신의 방법대로 하나님께 추수감사예물을 드렸습니다. 하지만 하나님은 아벨의 예물은 받으시고 가인의 예물은 받지 않았습니다. 그 이유는 하나님이 원하시는 방법으로 드려야 한다는 것입니다.

하나님이 원하시는 방법이 뭡니까? 아마 가인도 그것이 대단히 궁금했을 것입니다. 만약 가인이 그것을 하나님께 물었다면 동생 아벨을 죽이는 엄청난 범죄를 저지르지 않았을 것입니다. 그러나 가인은 하나님께 묻지도 않았습니다. 그는 자기 방법이 받아들여지지 않았다고, 하나님께 어떻게 할 수 는 없고, 눈에 보이는 동생 아벨을 들에서 만나 증오에 불타는 마음에 그만 돌로 쳐 죽이고 말았습니다. 참으로 불행한 일이었습니다.

믿음으로 감사해야 합니다

히브리서 기자가 전하는 말씀에 의하면 가인의 예물을 받지 않고 아벨의 예물을 받으신 이유에 대해서 밝히기를 "믿음이 있느냐 없느냐"는 것이었습니다. 히브리서 11장 4절에 "믿음으로 아벨은 가인보다 더 나은 제사를 하나님께 드림으로 의로운 자라하시는 증거를 얻었으니 하나님이 그 예물에 대하여 증언하심이라"고 기록되어 있기 때문입니다.

하나님께서 원하시는 방법은 바로 믿음으로 감사하는 것입니다. 우리가 믿음이 없으면 감사할 수 없습니다. 많은 열매를 거두어도 믿음이 없어서 "내가 일 년 동안 수고해서 얻은 열매인데, 왜 감사해야 합니까?"라고 하면 할 말이 없는 것입니다. "왜 하나님께 감사해야 합니까? 나를 도와준 사람은 저기 저 사람인데, 감사하더라도 저 사람에게 해야지요"라고 해도 역시 할 말이 없습니다.

그러나 하나님이 행하셨고, 도우셨고, 하나님의 은혜라고 믿는 사람은 하나님께 감사하는 것입니다.

범사에 하나님께 감사하는 삶을 산다면 인생길에서 아무 것도 이루어진 것이 없어도 감사할 수 있습니다. 육신의 질병으로 아픔과 고통이 있어도 감사할 수 있습니다. 바울처럼 감옥에 갇혀도 감사하고, 매를 맞아 아파도 감사하고, 욥처럼 모든 것을 잃어버려도 감사하고, 손양원 목사님처럼 두 아들을 한꺼번에 잃어도 감사할 수 있습니다. 믿음이 있기 때문입니다.

믿음으로 감사하면 더욱 놀라운 역사가 일어납니다. 그러므로 믿음으로 하나님께 감사하다가 회복되고, 풍성하게 되고, 형통하게 되고, 능하게 되는 복을 받기 바랍니다.

말로 감사해야 합니다

감사할 수 있는 방법은 말로 표현하는 것입니다. 아무리 감사하는 마음을 가져도 말로 표현하지 않으면 시인이 안 되는 것입니다. 그래서 본문 말씀 13절에, "여호와의 이름을 부르며…"라고 했습니다. 말로 부르며 감사해야 해야 합니다.

특별히 하나님께 감사하는 말을 자꾸 하는 것이 좋습니다. 범사에 감사를 표할수록 좋습니다. 좋은 일은 좋아서 감사하고, 고통스럽고 힘들고 어려운 일은 복되게 할 줄 믿고 감사합니다. 이렇게 우리의 입술의 시인이 하나님을 영화롭게 하는 것입니다.

하나님께만 아니라 이웃 사람에게도 "감사합니다"라고 말을 하면 좋습니다. 말이란 것은 살아있는 것입니다. 그래서 감사하다고 하면 할수록 감사할 일이 정말로 생겨납니다. 입술의 열매가 감사함으로 맺히는 것입니다.

하나님은 입술에 열매를 맺게 하시는 하나님이라고 했습니다. 그래서 자꾸 불평하면 불평할 일만 생기고 감사하면 감사할 일만 생기는 것입니다.

실제로 미국에서 있었던 유명한 이야기가 있습니다. 미국에 사는 어느 장로님이 108번이나 교회를 옮겨 다니다가 결국 죽었습니다. 어떻게 장로님은 되셨는지는 몰라도 한 교회에 마음을 두지 못하고 이 교회, 저 교회 돌아다니기를 108번이나 한 것입니다.

그 장로님이 104번째로 어느 교회에 갔는데 그 교회 목사님이 장로님에게 등록을 하지 말고 그냥 다니시라고 권면을 했다고 합니다. 왜냐하면 또 얼마 있지 않아서 다른 교회로 갈 것을 알기 때문입니다. 그러나 그 장로님이 "이번에는 결코 옮기지 않을 것입니다"라고 해서 등록을 했다는 것입니다. 하지만 얼마 후 또 다른 교회로 가셨습니다.

그러다가 임종하시면서 104번째로 등록했던 교회 목사님이 장례를 맡게 하라고 유언을 해서 그 목사님이 가서 장례를 마쳤습니다. 그 장로님이 돌아가시고 남겨놓은 유품 중에 조그마한 수첩이 하나 나왔습니다. 그 수첩을 보니 그 장로님이 옮겨 다닌 108교회에 대해서 기록을 했는데, 모두가 다 교회에 대한 불평과 단점과 잘못된 점만 깨알 같은 글씨로 잔뜩 적어 놓았더라는 것입니다.

장로님이 어느 교회든지 교회의 좋은 점과 긍정적인 부분만을 보았다고 한다면 그 분은 훌륭한 신앙생활을 했을 것입니다. 그런데 불평불만 가운데 좋지 않은 점만 보고, 그것을 말하니까 어느 한 교회에서도 꾸준히 섬기지를 못한 것입니다.

어느 교회인들 온전한 교회가 있겠습니까. 다 나름대로 부족한 부분이 있습니다. 그러나 좋은 점만 보고, 생각하고, 말하고 다녔다면 복된 믿음 생활이 되었을 것입니다. 에베소서 5장 4절에 "누추함과 어리석은 말이나 희롱의 말이 마땅치 아니하니 오히려 감사하는 말을 하라"고 하였습니다.

경영학자 가운데 피터 드러커(Peter F. Drucker)란 사람이 있습니다. 사람들이 그에게 리더십에서 가장 중요한 것이 무엇인가하고 물을 때에 "간단명료하게 하라. 비전을 제시하라. 바른 언어습관을 가지라"고 세 가지로 대답했습니다. 그는 바른 언어 습관을 가지되 반드시 존칭어를 쓰라고 했습니다. 아무리 가까운 사이라도, 아랫사람이라도 존칭어를 사용하라고 했습니다. 그리고 또 하나는 "감사하다"라는 말을 즐겨 사용하라고 했습니다. "감사합니다"라고 하는 말 한 마디가 가지는 수익률은 무한대라고 했습니다.

진실한 마음으로 감사해야 합니다

하나님께 감사하는 방법은 진실한 마음으로 감사해야 합니다. 마음에 없는 감사는 아무 의미가 없습니다. 진정성의 문제인 것입니다.

본문에서 시인은 "내 서원을 갚으리라"고 했습니다. 하나님께 서원한 것을 갚으며 실제로 행동으로 나타내는 것입니다.

먼저는 말로 하지만 그 다음에는 반드시 말에 대한 책임 있는 행동이 따라야 하는 것입니다. 그래야 말에 대한 진정성이 인정을 받을 수 있습니다. 말만하고 행동이 없으면 신실함에 흠이 생깁니다. 그러므로 감사하는 마음을 나타내야 합니다.

어떻게 나타냅니까? 물질로 나타내는 것입니다. 가장 중요한 것을 드리는 것입니다. 내게 가장 중요한 것이 뭡니까? 그것은 바로 내 자신입니다. 내 몸입니다.

내 몸을 구체적으로 어떻게 드립니까? 구약시대에는 하나님께서 물질로 대신해서 드리도록 했습니다. 자기 형편에 맞추어서 가장 아름답게 물질로 드리는 것입니다. 그래서 예수님께서도 "네 물질이 있는 곳에 네 마음도 있다"라고 했습니다.

대개의 경우 사람들은 드릴 것이 없어서 못 드리는 것이 아니고 마음이 없어서 못 드립니다. 물질만 그렇겠습니까. 교회를 섬기고 봉사하는 것도, 출석하는 것도 그렇습니다. "시간이 없어서, 거리가 멀어서, 바빠서"라고 하지만 사실은 마음이 없어서 못하는 것입니다.

예배로 감사해야 합니다

하나님께 감사하는 방법은 예배로 드리는 것입니다. 시편의 노래 중에는 여호와께 감사하라는 말씀이 많이 나옵니다. 유대인에게 있어서 특별히 하나님께 감사하라는 말의 의미는 "하나님을 찬양하고, 경배하라"는 것입니다.

본문 17절에서도 시인은 "내가 주께 감사제를 드리고 여호와의 이름을 부르리이다"라고 했는데, 이 말은 하나님께 감사함으로 나아가서 예배를 드리겠다는 것입니다.

하나님의 구원의 은혜에 감사하고, 하나님께서 택하여 주신 것에 감사하고, 날마다 지켜 주시고 인도하심에 감사하고, 주일마다 교회에 와서 예배할 수 있는 건강과 여건을 주심에 감사해고, 모든 것이 감사해서 하나님께 예배드리는 것입니다.

"여호와가 우리 하나님이신 줄 너희는 알지어다. 그는 우리를 지으신 자시오 우리는 그의 것이니 그의 백성이요 그의 기르시는 양이로다. 감사함으로 그 문에 들어가며 찬송함으로 그 궁전에 들어가서 그에게 감사하며 그 이름을 송축 할지어다"(시편 100:3).

감사함으로 하나님께 예배드리며 경배할 때 하나님은 가장 기쁘게 흠향하시고 우리의 감사를 받으십니다. 우리의 감사 예배에 하나님은 영광으로 임재하시고 은혜를 주십니다. 예배 중에 기적이 일어나는 것을 경험하게 해 줍니다.

학교 선생님을 하시던 이창호란 분이 있습니다. 그 분이 1969년 거제도에 딸린 조그마한 섬에 낚시를 갔습니다. 하지만 태풍을 만나서 그 섬에 갇혀서 며칠을 지내는 동안 그곳 경치가 좋아서 그 섬에 살고 싶은 마음이 생겼습니다. 그래서 당시 가진 모든 돈을 털어서 2천 만 원에 그 섬을 구입했습니다.

그 섬을 멋지게 꾸며 보려고 많은 노력을 했지만 도무지 생각대로 되지 않고 많은 실패를 거듭했습니다. '왜 이렇게 실패만 할까?'라고 생각하던 중에 '지금까지 모든 것을 하나님과 상관없이 하였다'는 사실을 깨달았습니다.

그래서 그날로부터 모든 것을 중단하고 서울의 본교회로 돌아와서 다시 신앙생활을 시작했습니다. 서울에 올라가 처음 예배드리는 날부터 지금까지 지내온 것이 너무나도 감사해서 큰 은혜를 받았다고 합니다.

그렇게 감사하면서 살고 있었는데, 어느 날 예배를 드리다가 "여호와의 이름에 합당한 영광을 돌리라"(대상 16:29)는 말씀을 받았습니다. 가슴에 깊이 박힌 그 말씀을 붙들고 "하나님, 감사합니다. 하나님의 이름에 합당한 영광을 돌릴 수 있게 해 주옵소서"라고 기도하는 중에 "만인의 에덴 동산과 같은 아름다운 동산을 만들어 하나님께 영광을 돌리라"는 응답을 받았다고 합니다.

그는 감사와 함께 기도하는 마음으로 다시 일을 시작을 했습니다. 그러자 놀랍게도 그 다음부터는 모든 일이 순적하게 이루어지기 시작했습니다. 그래서 오늘날 수많은 사람들이 찾아오는 관광명소, 외도가 되었다고 합니다. 외도는 감사예배의 열매인 것입니다.

우리의 예배가 얼마나 놀라운 역사를 가져오는지 잊어서는 안 됩니다. 감사함으로 주께 나와서 찬양하며 예배드리고 경배하면 무엇보다도 놀라운 회복의 역사가 일어납니다. 은혜가 주어집니다. 행복의 문이 열립니다. 축복의 문이 열립니다. 기적의 문이 열립니다.

30. 감사는 하나님 아버지께 해야 합니다

(골로새서 3:15-17)

이스라엘 백성들이 애굽에서 노예로 살 때는 열심히 농사지어도 추수하면 애굽 사람들이 다 가지고 갔습니다. 그러나 가나안 땅에 들어와 살면서부터는 상황이 달라졌습니다.

가나안 자기 땅에 농사를 지어 거둔 모든 열매는 그들의 소유가 되었습니다. 그래서 하나님은 이스라엘 백성들에게 보리나 밀의 열매를 거둘 때 하나님의 은혜를 잊지 말고 기억하며 감사하라고 맥추절을 지키라고 명령 하셨습니다.

작은 것 하나에도 감사할 줄 아는 사람이 참으로 행복한 사람입니다. 감사를 모르는 것은 늘 자기의 부족한 것만 보고 살기 때문에 행복할 수 없습니다.

본문에서 사도 바울은 골로새 교회 성도들에게 "하나님 아버지께 감사하는 자가 되라"고 15, 16, 17절, 매 절마다 거듭하여 권하고 있습니다. 데살로니가 교회 성도들에게는 "감사하는 삶이야말로 우리를 향하신 하나님의 뜻이라"고 했습니다.

감사의 삶이 얼마나 중요한지 의학계에서도 규명하고 있습니다. 의학 박사인 이시형 씨는 요즘 새로 쓴 책에서 "건강하려면 세라토닌 하라"고 했습니다. '세라토닌'(serotonin)은 아드레날린, 엔돌핀과 함께 사람의 뇌에서 나오는 신경물질 중에 하나입니다. 세라토닌은 엔돌핀보다 수백 배의 위력을 가진 평온과 기쁨과 행복을 가져오는 물질이라고 합니다.

이 물질은 우리가 좋은 습관을 가질 때 생성 되는 것입니다. 좋은 습관 중에는 특별히 감사하는 생활이 가장 좋다고 합니다.

사람이 하나님 앞에서 세라토닌을 얻어내려면 하나님 앞에서 늘 감사하고, 범사에 감사하고, 쉬지 말고 감사하는 습관을 가져야 합니다. 우리가 하나님께 감사하며 찬양할 때 평안해지고, 행복해지고, 기쁨이 오는 것입니다.

우리가 주신 은혜 감격하여 눈물 흘리며, 기도하고, 찬양하며 하나님께 감사할 때 내 몸에서 엄청난 세라토닌이 분비되어서 마음도 기쁘고 힘과 에너지가 솟아나고 질병도 나아서 행복하게 만들어 주는 것입니다. 그래서 세라토닌을 '행복의 씨앗' 또는 '행복의 호르몬'이라고 부르는 것입니다. 이것은 감사하는 생활 습관에서 나오는 것입니다.

하지만 사람들은 이 감사의 삶이 잘 안되어서 문제입니다. 이슬람교를 믿는 이집트의 가난한 농부가 '알라 신'에게 편지를 보냈습니다. 그 편지의 내용은 돈 200파운드(약 35만원)만 달라고 하는 것이었습니다.

그 편지를 본 집배원은 수신자가 알라 신이므로 어디로 전해 줘야 할지 몰라서 계장에게 주었고, 계장은 과장에게, 과장은 우체국장에게, 국장은 체신부 장관에게 전달하였습니다.

그 편지를 받은 체신부 장관은 망설이다 대통령에게 전달했습니다. 당시 이집트 대통령이었던 낫세르가 그 편지를 뜯어보고는 농부의 사정을 매우 딱하게 여겨져서 대통령의 이름으로 100파운드를 보내 주었습니다.

그 농부가 기뻤을까요? 당연히 기뻐해야 할 일이지요, 왜냐하면 100파운드가 생겼으니까, 그것도 대통령이 보내준 100파운드 아닙니까. 그러면 감사해야 할 일입니다.

그러나 100파운드를 받은 농부의 반응은 감사하기는 고사하고 오히려 화를 내고 불평을 하면서 "알라 신은 분명히 자기가 요구한 200파운드를 보내셨을 텐데, 대통령이 중간에서 100파운드를 떼어먹고, 나머지 100파운드만 자기에게 보냈다"라고 했습니다. 인간이 이런 존재입니다.

본문에서 사도 바울의 말씀을 통하여서도 감사의 삶을 배울 수 있습니다. 좋을 때나 기쁠 때, 일이 잘 잘될 때나 평탄할 때만이 아니라, 힘들고 슬플 때, 일이 안 되고 어려울 때, 어떠한 상황 속에서도 무엇을 하든지, 말에나 일에나 감사하는 성도의 삶이 되기를 바랍니다.

그러면 반드시 화가 변하여 복이 되고, 고통이 변하여 기쁨이 되고, 가난은 변하여 부요함으로 채워지는 역사를 보게 됩니다.

옛날에 어떤 왕이 병이 들었습니다. 왕의 병을 진단한 의사가 차방하기를 "세상에서 보기 드문 병이어서 왕은 암사자의 젖을 먹어야만 낫는다"고 했습니다. 왕은 당장 암사자의 젖을 구해 오라고 명령을 내렸습니다. 문제는 어떻게 암사자의 젖을 구하느냐는 것이었습니다.

그 때 어떤 지혜자가 사자가 있는 동굴에 가서 사자 새끼를 한 마리씩 어미 사자에게 넣어 주었습니다. 열흘쯤 지나자 그 사람은 어미사자와 친하게 되었습니다. 그래서 그는 왕의 병에 쓸 사자의 젖을 조금씩이나마 짜낼 수 있었습니다.

그 젖을 들고 왕궁으로 돌아오는 길에 꿈을 꾸었습니다. 꿈속에서 그 사람의 몸의 각 지체들이 서로 말다툼을 하고 있습니다. 그 사람의 몸에 붙은 지체들이 서로 누가 가장 중요한 일을 맡아서 공이 큰지를 가지고 언쟁이 일어났습니다.

먼저 발이 주장하기를 자기가 아니었더라면 사자가 있는 동굴까지 갈 수 없었을 것이라고 하면서 자기가 가장 큰 공을 세웠다고 주장했습니다. 그러자 눈이 말하기를 자기가 아니었다면 볼 수가 없어서 그 곳까지 가지도 못했을 것이라고 주장했습니다. 심장은 말하기를 나같이 강한 심장이 아니었다면 감히 사자 가까이에 가지도 못했을 것이라고 했습니다.

가만히 듣고만 있던 혀가 "그래도 만약 내가 말을 할 수 없었다면 너희들은 아무런 소용도 없을 것이다"라고 했습니다. 그러니까 몸에 붙어 있는 각 지체들이 저마다 나서서 한 마디씩 합니다. "뼈도 없고, 아무 소용도 없는 조그만 것이 건방지구나, 어디서 함부로 나서는 거야"라고 윽박지르니까 혀가 아무 말도 못했습니다.

그렇게 서로 공치사하며 다투는 중에 왕궁에 도착했습니다. 그리고 왕 앞에 나가서 엎드리자 혀가 몸의 지체들에게 "너희들에게 이제부터 누가 제일 중요한가 알려 주마"라고 했습니다.

그 사람이 왕 앞에 엎드려 구해 온 암사자 젖을 내 놓자 왕이 "이것이 무슨 젖이냐?"라고 물었습니다. 그러자 그 사람은 느닷없이 "개의 젖이옵니다"라고 대답했습니다.

조금 전까지도 혀보고 아무런 일도 하지 않고 소용도 없다고 윽박지르던 몸속의 각 지제들이 깜짝 놀랐습니다. '아니 개 젖이라고 말하면 어떻게 되는 거야.' 그때서야 비로소 조그만 혀의 힘이 얼마나 큰 것인가를 깨달았습니다. 잘못하다가는 모든 것이 허사가 되고 말 순간입니다. 그래서 일제히 부랴부랴 혀에게 잘못을 빌었습니다.

사과를 받아낸 혀가 다시 말했습니다. "왕이시여, 제가 말을 잘못했습니다. 이것은 틀림없는 암사자의 젖이 옵니다."

작고 아무런 소용도 없으며 전혀 도움이 되지 않는다고 여겼던 것들이 내 인생에서 참으로 중요한 역할을 하고 있음을 말해 줍니다. 작고 비록 하찮아 보이는 것이라 할지라도 소중하게 여기고 감사하게 받아들이면 내 인생에 참으로 중요한 영향을 주고 기적을 가져오는 복이 된다는 것을 깨달아야 합니다.

작은 것에 감사하기가 참으로 어렵습니다. 모든 사람들이 소홀히 여기는 것을 감사함으로 받아들이는 것이 쉽지 않습니다. 그러나 전능하신 하나님의 은혜와 인도하심을 따라 사는 우리들은 작은 것, 사람들이 소홀히 여기는 것, 내가 늘 부족하다고 여기는 것 하나에도 감사하는 마음을 가지고 하나님을 찬양하며 감사하며 살아야 합니다. 그러면 그 작은 것이 뜻밖에도 내 인생에 너무나도 복된 역사를 만들어 내는 기적의 통로가 된다는 것을 경험하게 됩니다.

31. 감사는 참된 즐거움을 줍니다

(신명기 26:1-11)

일반적으로 사람들은 평생을 살면서 2만 6천 단어 정도를 사용한다고 합니다. 그 단어들 중에서 가장 사람들을 기쁘게 하는 단어는 "감사합니다"라고 합니다.

물론 사람을 기쁘게 하는 단어들이 많습니다. "사랑합니다. 축복합니다. 좋아합니다. 잘 했습니다. 수고합니다"등의 격려하고 칭찬하고 애정을 표시하는 말들은 사람들을 기쁘게 합니다. 이 말들은 특별한 상대나 상황이 있어야 합니다. 그러나 "감사합니다"라는 말은 어떤 상대든지, 어떠한 상황이든지 통용되는 말입니다.

그렇기 때문에 "감사합니다"라는 말은 인간에게 주어진 말 중에서 가장 아름다운 말이라고 할 수 있습니다. 하나님은 사람들이 이 말을 즐겨 사용할 수 있도록 먼저 하나님을 향하여 감사의 마음을 갖게 하고 감사를 고백하게 하십니다.

본문 11절을 보면, 하나님께서는 감사하는 사람마다 모두 즐거움과 기뿜을 갖게 된다고 했습니다.

자기 자신은 복을 받아 즐겁고, 하나님께 감사하여 즐겁고, 그의 감사로 인하여 하나님이 기뻐하시고, 그 기쁨으로 주님께 수종드는 레위인도 즐거워하고, 함께 거하는 객, 이방인, 나그네도 즐거워하는 역사가 있습니다.

어떻게 이런 즐거움과 기쁨이 있는 감사의 고백과 삶을 살 수 있습니까?

첫째, 하나님께서 나를 인도하셨다는 믿음이 있으면 감사할 수 있습니다. 3절을 보면, 이스라엘 백성들이 하나님께 나와서 제사장에게 말하기를 "내가 오늘 당신의 하나님 여호와께 아뢰나이다 내가 여호와께서 우리에게 주시겠다고 우리 조상들에게 맹세하신 땅에 이르렀나이다"라고 했습니다.

약속의 땅에 살고, 이곳에서 소산물을 얻을 수 있는 것은 전적으로 하나님께서 인도하여 주셔서 된 것이고 고백하는 것입니다.

그래서 8절에서도 "여호와께서 강한 손과 편 팔로 큰 위엄과 이적과 기사로 우리를 애굽에서 인도하여내시고, 이곳으로 인도하사 이 땅 곧 젖과 꿀이 흐르는 땅을 주셨나이다"라고 고백한 것이다.

하나님께서 인도하여 주시지 않으면 내가 어떻게 소유하며, 어떻게 존재할 수 있겠습니까. 매 순간순간, 모든 일들 마다, 내 발걸음 하나하나 주님께서 인도하시기에 나는 존재할 수 있는 것입니다.

이러한 신앙을 찬송시로 고백한 사람도 있습니다.

1. 내 인생 여정 끝내어 강 건너 언덕 이를 때
   하늘 문 향해 말하리 예수 인도하셨네
2. 이 가시밭길 인생을 허덕이면서 갈 때에
   시험과 환란 많으나 예수 인도하시네
3. 내 밟은 발걸음마다 주 예수 보살펴시사
   승리의 개가 부르며 주를 찬송하리라
후렴. 매일 발걸음마다 예수 인도하시네
   나의 무거운 죄짐을 모두 벗고 하는 말 예수 인도 하셨네

애굽 땅에서 노예처럼 학대 받고, 괴로움과 고통 중에서 인도하여 내신 하나님, 오늘도 많은 고통 중에서 강한 손으로 인도하여 주시는 하나님께 감사해야 합니다. 이렇게 감사하는 사람마다 기쁜 마음으로 즐거워하지 않을 수 없습니다.

둘째, 하나님께서 나의 부르짖음을 듣고 보신다는 믿음이 있으면 감사할 수 있습니다.

6절과 7절을 보면 "애굽 사람이 우리를 학대하며 우리를 괴롭히며 우리에게 중노동을 시키므로 우리가 우리 조상의 하나님 여호와께 부르짖었더니 여호와께서 우리 음성을 들으시고 우리의 고통과 신고와 압제를 보셨다"라고 했습니다.

이스라엘 백성들은 부르짖음을 들으시고 보신 하나님으로 인하여 감

사하며 예물을 드리며 경배하였습니다.

하나님께서 내 기도를 들으신다는 것 자체가 놀라운 은혜와 감사의 조건입니다. 하나님은 누구든지 구하고 부르짖으면 들으시고 반드시 응답하여 주신다고 했습니다. 이것이 얼마나 감사한 일입니까.

이 믿음과 고백이 있는 사람은 고난 중에도 감사하고, 절망 중에도 감사합니다. 그러니 항상 감사할 일만 있는 사람이요, 복 있는 사람입니다.

우리가 살아가다 보면 이런저런 역경과 시련이 임할 때가 있습니다. 그러나 고통과 시련만 바라보지 않고, 그 일로 인하여 오히려 하나님을 바라보고 기도한다면, 감사가 생깁니다. 감사가 생기면 놀라운 하나님의 역사가 일어납니다.

힘들고 어려운 일이 있어도 기도하다가 감사의 마음이 회복되고, 그 일로 인하여 놀라운 하나님의 역사를 보는 복이 있기 바랍니다.

셋째, 하나님께서 구원해 주셨다는 고백이 우리들로 하여금 감사하며 즐거워하는 삶을 살게 합니다.

본문에서 이스라엘 백성들은 애굽 땅 종 되었던 곳에서 놓임을 받고, 학대와 압제에서 자유 함을 받고, 수고하고 애쓰는 대로 열매를 얻고, 소산물을 가질 수 있는 구원을 얻었습니다.

이스라엘 백성들이 애굽 사람의 종에서 하나님의 백성이 되었습니다. 신고와 압제에서 자유로운 자가 되었습니다. 한 마디로 죄의 고통에서 벗어나서 성령으로 충만한 기쁨을 소유한 구원을 얻은 것입니다.

성도는 소유한 것으로 인하여 감사하는 것보다는 하나님의 자녀로 존재하고 있음에 감사하는 사람입니다. 물론 소유할 수 있음에 대해서조차도 감사할 줄 모르는 저주 받은 짐승 같은 사람도 있지만, 하나님의 자녀로 거듭난 우리는 그런 소유에 대해서는 당연히 감사하고, 소유하지 못해도 하나님의 자녀로 거듭나고, 새로워 진 인생이 된 것으로 인하여 감사하는 성숙한 사람이 돼야 합니다.

미국 34대 대통령이자 명장인 아이젠하워 대통령의 마지막 임종의 순간을 아시는 분이 많지 않을 것입니다.

월터리드 미육군병원에서 세상을 떠나기 얼마 전에 빌리 그래함 목사님이 그분을 방문했습니다. 30분의 면회 시간을 얻어서 들어갔습니다. 그 30분의 면회 시간을 마치고 빌리 그래함 목사님이 나가려고 하자, 아이젠하워 대통령이 "조금 더 있다 가라"고 합니다. "하실 말씀이 있으십니까?"라고 빌리 그래함 목사님이 묻자 대통령은 "하나님을 어떻게 만나야 할지 제게는 확신이 없습니다. 도와주십시오. 이 아이젠하워의 마지막 부탁입니다"라고 했습니다.

빌리 그래함 목사님은 자기 주머니에 있던 신약성경을 꺼내 놓고 어떻게 죄 사함을 받을 수가 있으며, 하나님의 자녀가 될 수가 있는지에 대해 진지하게 설명해 주었습니다.

"선행으로 구원받는 것이 아닙니다. 우리의 무슨 업적이 있다고 하나님 앞에 갈수 있는 것이 아닙니다. 우리의 모든 노력이 죄 문제를 해결할 수 없기 때문에 하나님은 독생자 예수 그리스도를 보내셨습니다. 내 모든 지나간 날의 죄를 회개하고 예수 그리스도를 나의 구주와 주님으로 영접하는 그 순간, 그분을 믿는 그 순간, 당신은 하나님의 자녀가 될 수 있습니다."

빌리 그래함 목사님의 인도를 통해서 그분은 예수 그리스도를 구주와 주님으로 영접했습니다. 함께 기도가 끝났을 때에 아이젠하워가 "빌리, 감사하오. 나는 이제 준비 되었소. 나를 구원하신 하나님 감사합니다"라고 마지막 말을 남겼습니다.

이 세상에 가장 큰 감사가 뭐겠습니까? 그것은 구원의 감사입니다. 구원받은 것보다 더 큰 감사의 조건은 없습니다. 이 세상에 가장 값진 감사가 있다면 그 역시도 구원의 감사입니다. 이 세상에 가장 잊지 못할 감사가 있다면 그것도 구원의 감사입니다.

오늘 날 개신교회가 드리는 추수감사절을 시작하게 한 것은 미국으로 건너간 청교도들이 드린 감사절이었습니다.

미국에 건너간 청교도들의 감사는 농사가 잘 되었기 때문에 드린 감사가 아니었습니다. 많은 것을 추수해서 소유했기 때문에 드린 감사가 아니었습니다. 그들은 하나님이 계셔서 감사했고, 살아남은 자들에게 신앙의 자유를 주셔서 감사했고, 구원의 기쁨을 노래할 수 있어 감사했습니다.

어떤 사람이 인터넷에 '항상 감사하기'라는 제목의 글을 띄웠는데 그 내용이 이렇습니다.

"10대 자녀가 반항을 하면 그건 아이가 거리에서 방황하지 않고 집에 잘 있다는 것이고, 지불해야 할 세금이 있다면 그건 나에게 재산과 하는 일이 있다는 것이고, 손님을 치루고 나서 치워야 할 게 너무 많다면 그건 친구들과 즐거운 시간을 보내서 감사한 것이고, 옷이 몸에 좀 낀다면 그건 내가 잘 먹고 잘살고 있다는 것이고, 내가 고치고 수리해야 할 것이 있다면 그것은 내게 집이 있다는 것이고, 정부에 대한 불평불만의 소리가 많이 들리면 그건 언론의 자유가 있다는 것이고, 주차장 맨 끝 먼 곳에 겨우 자리가 하나 있다면 그건 내가 걸을 수 있는데다가 차도 있다는 것이고, 난방비가 너무 많이 나왔다면 그건 내가 따뜻하게 살고 있다는 것이고, 교회에서 뒷자리에 앉은 아줌마의 엉터리 찬송이 귀에 거슬리고, 기도소리가 시끄럽게 들린다면 그건 내가 들을 수 있다는 것이고, 세탁하고 다림질해야 할 옷이 산더미 같이 쌓였다면 그건 나에게 입을 옷이 많다는 것이고, 온몸이 뻐근하고 피로하다면 그건 내가 열심히 일했다는 것이고, 이른 새벽 시끄러운 자명종 소리에 깼다면 그건 내가 살아 있다는 것입니다."

이 글을 통해 마음속에 나도 모르게 쌓인 불평불만들을 바꾸어 생각해 보면 감사할 조건이 된다는 것을 발견하게 됩니다.

세상의 모든 것은 생각하기 나름입니다. 똑같은 것을 보고도 좋은 쪽으로 생각하면 그것이 감사의 조건이 되고, 나쁜 쪽으로 생각하면 그것은 불평의 조건이 됩니다. 감사하며 기도할 때에 하나님이 어려운 환난에서 우리를 도와주시고 건져주십니다.

32. 감사는 만민에게 알려야 합니다

(시편 105:1-7)

본문 1절에서 "여호와께 감사하고 그의 이름을 불러 아뢰며 그가 하는 일을 만민 중에 알게 할지어다"라고 했습니다.

하나님의 택함 받은 성도의 삶에 있어서 가장 기본적으로 해야 할 일은 감사입니다. 성도의 신앙생활은 감사로 시작해서 감사하며 살아가다가 마지막 천국에 가서 하나님께 감사하고 살아가는 것입니다.

믿음, 소망, 사랑 이 세 가지는 영원히 있는 것입니다. 믿음을 가진 사람이라면 간직해야 할 중요한 가치입니다. 또한 겸손, 온유, 기쁨, 감사, 인내 등도 성도의 중요한 덕목입니다.

세상 사람들의 모습은 교만, 강포, 분노, 원망, 불평, 절망, 조급함 등의 것들로 가득한 모습입니다. 특히 요즘 사람들은 얼마나 분노로 가득 차 있는지 모릅니다. 가지지 못한 사람들은 시위와 혁명 등으로 폭력을 쓰기도 합니다.

그렇다고 가진 자가 즐겁고 마냥 좋지만은 않습니다. 사업가와 정치가

들도 나름대로 분노와 어둠이 가득합니다.

그러나 성도는 항상 겸손합니다. 온유합니다. 기쁨을 가지고 삽니다. 평안과 인내의 삶을 삽니다. 감사하며 삽니다. 이것이 하나님의 백성, 천국을 소유한 성도의 모습입니다.

특별히 실생활 속에서 감사하는 생활은 성도들이 이 땅에 사는 동안에도 천국의 삶을 연습하는 중요한 덕목입니다. 왜냐하면 천국에서는 감사와 찬양 밖에 없기 때문입니다. 요한계시록에서는 영원히 감사와 찬양으로 산다고 증거하고 있습니다.

성도들은 감사의 삶으로 인하여 하나님께서 행하신 감사의 일들을 모든 사람이 알도록 해야 합니다. 그래서 3절의 "모든 사람이 하나님을 경배하며 여호와 하나님을 찾고 하나님의 능력을 구하도록 하라"라는 말씀을 따라야 합니다.

'뭐 대단한 것도 아닌데 알리겠는가, 나는 별로 알게 할 만한 감사의 일도 없는데'라고 생각할 사람도 있을 것입니다. 하지만 조금만 더 깊이 생각해보면, 모든 것이 감사한 일이고 사람들에게 알게 할 일들입니다. 심지어 지난 날 부끄럽고 숨기고 싶은 일들조차도 감사할 뿐입니다. 왜냐하면 그것이 오늘의 나를 있게 한 것이기 때문입니다.

내가 믿음이 있는지 없는지, 은혜를 받았는지 받지 못했는지를 판단할 수 있는 기준 중에 하나가 바로 이것입니다. 지난날의 부끄럽고 숨기고 싶은 일이라도 감사하면서 사람들에게 말할 수 있는 사람은 은혜를 받은 사람이요, 믿음이 있는 사람입니다. 그러나 은혜가 없고 모든 것은 하나님의 인도하심이라는 것을 믿지 못하면 절대로 말할 수 없고 드러낼 수 없습니다.

은혜를 받고 나면 모든 것이 하나님 은혜요, 감사한 일임을 알게 됩니다. 그래서 사람들에게 알리고 심지어는 자랑합니다. 그것 때문에 오늘의 내가 있기 때문입니다.

사도 바울은 "나는 과거에 폭행자였고, 비방자요, 박해자요, 괴수 중에 괴수였습니다"라고 고백할 수 있었습니다. 이렇게 숨기고 싶은 부끄러운 과거조차도 감사한 일로 여겨져서 사람들에게 알릴 수 있는 데 무엇인들 감사하지 않겠습니까. 감사한 일은 알리면 알릴수록 더욱 감사한 일이 많아집니다.

감사가 안 되고 불평이 생기는 것은 자기 위주로 생각하기 때문입니다. 하나님의 입장에서 생각하면 모두가 다 감사할 일들입니다.

주차장이 복잡합니다. 은혜 받고 집으로 가려고 나갔는데 내 차 앞뒤로 차가 막혀 있으면 짜증납니다. 은혜 받았던 것이 그 즉시로 사라지고 불평이 나옵니다. 내 위주로 생각하니 그렇습니다.

그러나 하나님 입장에서 생각하면 "이렇게 많은 사람들이 차를 타고 와서 하나님께 예배를 드리고 있구나"하고 저절로 감사가 나오는 것입니다.

세상의 모든 것은 생각하기 나름입니다. 똑같은 것을 보고도 좋은 쪽으로 생각하면 그것이 감사의 조건이 되고, 나쁜 쪽으로 생각하면 불평의 조건이 됩니다.

그러면 왜 감사할 일을 만민에게 알리라고 합니까? 그 이유는 무엇보다도 모든 만민이 기억해야할 여호와 하나님이 행하신 일이기 때문입니다.

미련하고 어리석게도 하나님의 역사를 알지 못하는 사람이 많습니다. 그래서 하나님의 은혜 속에서 살면서도 감사하지 않는 사람이 많은 것입니다. 하나님께 감사하면 더욱 감사할 일이 많아져서 풍성한 삶을 살 수 있는데도 그만 엉뚱한 것에 감사하여서 감사가 끊어집니다. 복이 변하여 저주가 되고 맙니다. 그러므로 여호와 하나님께 감사하는 삶이 되도록 알리라는 것입니다.

그렇게 함으로 감사하게 하신 하나님을 기억하고 하나님의 능력을 구하는 사람은 마음이 즐겁고 복 있는 인생이 됩니다.

어떻게 감사할 일을 만민에게 알릴 수 있습니까? 2절 말씀에서, "노래하며 찬양하며 말하며 자랑하라"고 했습니다.

말하지 않아서 감사할 것이 없고, 알리지 않아서 감사를 모르고, 자랑하지 않아서 감사가 안 되는 것입니다. 하지만 감사를 말하고, 노래하고, 자랑하면 감사할 것은 더욱 구체화되고 많아지고 넘쳐나게 됩니다. 감사를 말하고 알리면 하나님의 이름이 존귀하게 됩니다. 하나님께서 복을 내려 주십니다. 역사가 나타납니다. 뜻밖에 좋은 일이 일어납니다.

날마다 모든 일에 감사를 노래하며, 찬양하며, 말하며, 자랑하기 바랍니다. 하나님 이름을 높이시기 바랍니다. 사람들로 하여금 하나님을 알고, 하나님을 찾고, 하나님에게 능력을 구하며, 하나님을 경배하는 역사가 일어나도록 하는 성도들이 돼야 합니다.

33. 감사하면 얻는 축복이 있습니다

(출애굽기 34:21-24)

송명희 시인은 손가락 하나 제대로 움직이지 못하고, 혼자서는 잘 앉지도 못하는 뇌성마비 장애인입니다. 그녀는 비록 건강이나, 재물이나, 지식은 없어도, 공평하신 하나님이라고 감사하며 찬양하는 시를 지어 많은 사람들에게 감동을 주었습니다.

그녀가 쓴 시 중에 '범사에 감사하라'는 시가 있습니다.

"감사절에만 감사하는 자여, 범사에 감사하라. 고난 주간에만 주님의 고난을 기억하는 자여, 언제나 기억하라. 위급할 때만 기도하는 자여, 쉬지 말고 기도하라. 기쁠 때만 기뻐하는 자여, 항상 기뻐하라."

어떤 상황에도 감사로 하나님께 영광 돌리는 자는 복 있는 사람입니다. 그러나 항상 원망과 불평이 습관화된 사람들도 있습니다. 그 사람은 불행한 사람입니다. 왜냐하면 반복하는 행동으로 습관이 되고 그것이 그 사람의 삶이 되기 때문입니다.

성도들이 반복적으로 때를 따라서 감사예배를 드리는 것은 성도의 삶이 감사로 행복해 지도록 하는 것입니다.

본문을 보면, 하나님께서는 출애굽의 역사를 마무리하면서 새로운 땅, 축복의 땅에 들어가서 살 때 반드시 지켜야 할 것들을 말씀하셨습니다.

"엿새 동안 일하고 일곱째 날에는 쉬어라 모든 첫 태생은 하나님의 것이라… 하나님께 드리라"(19,20절). 그리고 칠칠절이라고 하는 맥추 초실절을 지키고, 세말에는 수장절을 지키라고 했습니다.그리고 23절에서 특별히 *"모든 남자들은 매년 세 번씩 주 여호와 하나님 앞에 보일지라"*고 했습니다. "반드시 지키라"는 말씀입니다.

하나님께서 이렇게 절기를 주시면서 반드시 지키라고 명령하신 이유가 있습니다. 그것은 바로 "하나님의 인도하심과 축복하신 은혜를 잊지 말라"는 것입니다. 항상 하나님의 은혜를 생각하면서 하나님을 섬기라는 것입니다. 그래서 하나님 주시는 은혜를 계속해서 받고, 복된 삶을 살도록 하려는 것입니다.

성도들이 하나님을 잘 섬기면 복을 받습니다. 하나님을 잘 섬기지 않으면 저주와 심판을 받습니다. 그런데 문제는 사람은 건망증이 심하기 때문에 조금 지나면 쉽게 잊어버린다는 것입니다. 형편이 좋아지고 생활이 편안하고 만사가 형통하게 되면 어렵고 힘들 때를 잊기 쉽습니다. 그래서 하는 말이 "개구리가 올챙이 때를 생각 못한다"라고 하는 것입니다.

한번은 개구리가 땅에서 놀다가 물속에 들어가서 헤엄을 치고 있으니까, 올챙이들이 보고는 몰려왔습니다. 그리고는 "땅에서 노는 것들이 어찌 물속에 들어와서 그렇게 헤엄도 잘 치냐?"라고 물었습니다. 개구리는 "나는 개구리다"라고 대답했습니다. 그러자 올챙이들이 "아니 개씨인데, 너는 어떻게 개 닮은 곳이 하나도 없느냐"라고 말했습니다.

개구리가 올챙이를 보고는 물고기 같기도 한데 다리가 나와 있으니 이상하게 여기고 물었습니다. "그러면 너희들은 뭐냐?"라고 하니까 올챙이들이 "우리는 올챙이다"라고 했습니다. 개구리는 "올씨도 있나? 그런데 너희는 어째서 올빼미를 하나도 안 닮았느냐"라고 물었다고 합니다. 개구리 올챙이 쩍 생각 못한다는 것이 이 정도로 까맣게 잊고 산다는 것입니다.

사람들은 하나님의 은혜에 대해서 이 보다 더 까맣게 잊고 살기가 쉽다는 것입니다. 시간이 지나면 지금 풍족하게 누리는 것이 자신의 수고와 노력의 산물인 것처럼 생각하고 교만하게 행동합니다.

그래서 하나님은 모세를 통하여 "네 하나님 여호와를 잊어버리지 않도록 삼갈지어다. 네가 먹어서 배부르고 아름다운 집을 짓고 거주하게 되며, 또 네 소와 양이 번성하며 네 은금이 증식되며 네 소유가 다 풍부하게 될 때에 네 마음이 교만하여 네 하나님 여호와를 잊어버릴까 염려하노라"(신 8:11-14)고 말씀하셨습니다.

우리는 지난날을 생각하면서 하나님께서 나와 가정을 지켜주신 것에 감사하는 삶을 살아야 합니다. 지금 몹시 힘든 형편에 있는 성도가 있다면 하나님은 모든 것을 합력하여 선을 이루시는 분임을 믿고 감사하시기 바랍니다.

이기는 복을 주십니다

절기를 잘 지키며 하나님께 감사하는 백성에게 어떤 복을 줍니까? 본문에서는 그 구체적인 내용을 말씀하십니다.

먼저 이기는 복을 주십니다. 본문 24절을 보면, "내가 이방 나라들을 네 앞에서 쫓아내고"라고 했습니다. "이방 나라"는 가나안 땅에 살고 있던 원주민들을 말합니다. 가나안 일곱 족속 - 헷 족속, 기르가스 족속, 아모리 족속, 가나안 족속, 브리스 족속, 히위 족속, 여부스 족속 - 입니다. 이 족속들을 이스라엘 백성 앞에서 모두 쫓아 내 주겠다고 했습니다.

하나님께서는 감사하는 사람들에게 모든 것을 주시는 하나님입니다. 하나님의 백성들이 절기를 지키며 하나님 은혜를 생각하고, 감사하며, 하나님을 섬기면 그 땅을 주시겠다는 것입니다.

가나안 족속들이 그냥 나가지 않습니다. 나가게 하려면 싸우고 전쟁해야 합니다. 그래서 싸우게 되면 반드시 하나님의 백성들이 이기게 해 주겠다는 것입니다.

이런 승리의 역사는 비단 이방나라들과의 관계에서만이 아닙니다. 우리의 삶의 모든 영역에서 이기게 해 주시겠다는 것입니다. 이것을 경험한 사람은 "우리에게 이김을 주시는 하나님께 감사하리로다"라고 노래합니다(고전 15:57).

지경이 넓어 집니다

절기를 잘 지키다가 받는 축복은 지경이 넓어지는 것입니다. 24절에서 "내가 이방 나라들을 네 앞에서 쫓아내고 네 지경을 넓히리니"라고 했습니다.

여기서 "지경"은 국경을 말합니다. 그 국경은 출애굽기 23장 31절에 의하면 "홍해에서부터 블레셋 바다까지, 광야에서부터 하수까지"라고 하였습니다. 이 말은 절기를 잘 지키며 감사하면 하나님께서 넓고 광활한 땅을 주시겠다는 것입니다.

"지경을 넓힌다"는 말은 단순히 땅과 국토를 넓게 해 주겠다는 뜻만 있는 것이 아닙니다. 모든 삶의 영역을 넓게 해 주겠다는 것입니다.

우리의 삶의 영역이 얼마나 다양하고 많습니까. 영적인 지경, 인간관계의 지경, 성공의 지경이 넓어집니다.

우리가 사는 세상은 참으로 다양합니다. 그리고 모든 관계가 그물망처럼 엮여져 있습니다. 우리나라 같은 경우에는 세 네 사람을 건너면 다 아는 사람입니다. "성공은 곧 인맥이다"란 말처럼 지경이 넓어져서 많은 사람을 알게 되면 대부분의 일이 형통하게 되는 것입니다. 지경이 넓어진다는 것은 모든 것에 형통하게 되는 복을 누리게 된다는 것을 의미합니다.

서울 소망교회에 정문술 집사님이라는 분이 있었습니다. 미래 산업의 회장인 정 집사님은 카이스트에 300억을 기증해서 주변 사람들을 깜짝 놀라게 했습니다. 그에게는 그럴 만한 동기가 있었습니다.

미래 산업이 사업이 부진하고 어려울 때, 카이스트의 이광형 교수가 찾아와 첨단 기술을 전수해 주었습니다. 그래서 미래 산업은 많은 돈을 벌게 되어 카이스트에 300억을 기증했습니다.

어떤 기자가 이광형 교수에게 무엇 때문에 잘 알지도 못하는 미래 산업에 기술을 가르쳐 주었냐고 물었습니다. 그러자 이교수는 "국비 장학생으로 해외로 유학까지 다녀온 사람입니다. 국가에서 준 돈으로 공부를 했으니 나도 국가의 발전을 위해 뭔가 좋은 일을 해야 하지 않겠습니까? 그런데 마침 미래 산업이 어려움을 겪고 있는 것을 보고, 국가에 보답하기 위해서 기술을 전수해 주었습니다. 그 회사가 잘 되어 나도 얼마나 기쁜지 모릅니다"라고 대답을 했습니다.

사람이 국가의 도움을 받았으면 국가에 감사의 표시를 해야 합니다. 그것이 도리입니다. 사업을 해서 성공했으면 사회에도 환원해야 합니다. 선생님의 도움을 받았으면 선생님께도 감사해야 사람입니다. 마찬가지로 하나님의 축복을 받았으면 하나님에게 감사해야 합니다.

그렇지만 오늘날 사람들은 감사하지 않고 오히려 원망과 불평하며 부정적인 삶에 빠져서 자멸하는 사람이 얼마나 많습니까? 하나님의 은혜를 잊어버리고, 절기도 지키지 않고, 감사도 하지 않으면 모든 영역에서 지경이 좁아지고, 하는 일이 불통이 될 수밖에 없습니다.

안전하게 보호해 줍니다

절기를 잘 지키다가 받는 복은 하나님께서 가장 안전하게 지키고 보호해 주는 복을 받습니다. 24절 마지막 부분에, "네가 매년 세 번씩 여호와 너희 하나님께 보이러 올 때에 아무 사람도 네 땅을 탐(貪)내지 못하리라"라고 하였습니다.

이스라엘의 남자들은 어느 곳에 살든지 1년에 3번 절기 때 마다 집을 비우고 예루살렘 성전으로 제사를 드리러 올라갔습니다. 그들이 집을 비운 사이에 도적이 들거나, 적군이 쳐들어 와서 재산을 다 빼앗아 갈수도 있었습니다.

하지만 그들이 절기를 지키기 위하여 집을 비운 동안에는 아무도 탐내지 못하도록 하나님이 지켜주신다고 약속 하셨고 절기를 지키기 위하여 성전에 오고가는 길에도 병들지 않고, 사고 나지 않도록 지켜 보호하여 주신다고 하셨습니다.

우리가 늘 하나님 은혜를 생각하며 감사하고 섬긴다면 천지를 지으신 하나님께서 지켜주시고 보호하여 주시는 줄 믿습니다. 낮의 해도, 밤의

달도 해치지 못하게 하시는 줄 믿습니다(시 121:6).

그래서 늘 마음에 평강이 생기고 기쁨으로 충만하게 하여 주시는 줄 믿습니다. 이런 사람은 어떤 환난과 어려움이 닥쳐와도 두려워하지 않습니다.

어느 집사 부부가 과천에 있는 아파트로 이사를 가기 위해 부동산을 찾아갔습니다. 부동산 할아버지는 그들이 가지고 있는 돈으로는 아파트를 얻을 수 없다고 했습니다. 그러면서 "폐가가 하나 있긴 있는데…"라고 말했습니다.

무슨 말이냐고 하자 할아버지는 "그 집은 다른 집보다 절반이나 쌉니다. 하지만 그 집은 들어가는 사람마다 죽어나오니 내가 어떻게 소개하겠습니까?"라고 하였습니다.

집사님 부부는 궁금하기도 해서 "그러면 한번 가봅시다"하고 가봤더니, 주공아파트 404동인데 사람이 안 살아서 방마다 거미가 득실거리고, 유리창은 깨지고 분위기가 무서웠습니다.

그렇지만 그 집사 부부는 하나님께서 보호하실 것을 믿고, 전세금이 다른 집에 비해서 절반이나 싸니까 "우리가 들어가겠습니다"하고 계약을 했습니다. 대전에 사는 집주인은 굉장히 좋아하면서 고맙다고 하며 집을 싹 수리해 주었습니다.

사람이 들어오면 계속 죽고, 그 전에 살던 여자도 혼자 살다가 투신자살을 해서 아무도 안 들어오던 그 집에 집사 부부가 들어가서 매일 가정예배를 드렸습니다.

그랬더니 2년 동안 죽지도 않고, 사고도 나지 않고, 무사히 살아 2년 후에는 아파트를 분양 받아서 이사를 가게 되었습니다. 그러자 집주인이 와서 잘 살아 주셔서 감사하다고 선물까지 주었다고 합니다. 그 후에 그 아파트는 다른 사람에게도 전세를 제 값에 놓을 수 있게 되었다고 합니다.

이 분들이 고구마 전도왕으로 유명한 김기동 목사 부부 이야기입니다. 목사가 되기 전 집사 적에 있었던 이야기입니다.

폐가가 됐다 할지라도, 사람들이 죽어 나가는 아파트라 할지라도 하나님께서 함께 계시면 악한 마귀 세력과 싸워서 승리하게 만들어 주시는 것입니다. 하나님께서 보호하시고 축복하신다면 뭘 못하겠습니까?

우리가 신앙과 믿음을 가지면 어느 누구도 우리를 해하지 못합니다. 힘들고 어려워도 하나님 말씀대로 절기를 지키며 감사하면 하나님이 지켜주시고 보호해 주십니다.

다니엘이 사자 굴속에 들어가 감사할 때, 하나님이 지켜주셨습니다(단 6:10). 요나가 물고기 뱃속에서 감사하며 기도할 때, 건져주셨습니다(욘 2:9). 사도 바울이 감옥에서 감사하며 찬송할 때, 하나님이 지켜주셨습니다(행 16장). 여호사밧 왕이 세 나라가 연합해서 쳐들어올 때, 성가대원을 앞세워 찬송할 때 하나님이 지켜주셨습니다(대하 20:22). 다윗이 감사 찬송할 때, 하나님이 사울 왕의 죽음에서 지켜주셨습니다.

우리의 삶에 항상 범사에 감사함으로 이와 같은 하나님의 지키심과 보호가 임하기를 바랍니다.

파워 감사

삶을 변화시키는 감사의 능력

초판 1쇄 | 2013년 3월 11일

지은이 | 정판식
펴낸인 | 김현태
펴낸곳 | 따스한 이야기
디자인 | 스튜디오 미인 www.studiomiin.co.kr

전화 | 070-8699-8765 이메일 | jhyuntae512@hanmail.net
출판 등록 | 2011년 7월 28일 제305-2011-000035호

발행처 | 생명의 말씀사
주문전화 | 02-3159-8211 팩스 | 02-022-8585,6

ISBN 978-89-967278-3-5 (03230)